わらわしたい

正調よしもと林正之助伝

竹中功

KKロングセラーズ

はじめに

昔の自分自身に会う。

自分自身の歴史に会う。

照れるけど、三十三歳の自分自身がいる。


自分の書いたモノを読んで恥ずかしいということは、まだまだモノを書く身として精進が足らないということだろうか?

しかし一九九二年に上梓した自分の書物を改めて読むのは恥ずかしい。


この本は吉本興業を創業期から一九九一年まで経営のトップに立ち、芸人と金を愛して止まなかった林正之助の人物伝である。

ただ伝記とは言え、私はこの会長の下で直接働いたのはたかが十年ほどである。この本は読みようによっては「竹中功の三十三年史・全仕事集」みたいなものかもしれない。たかが十年ではあるが、会長から怒鳴られて、毎日ビビっていた経験が当時の体に染み付いていたことは紛れもない事実である。

この本の元になるものは約二十五年前に発行されたのだが、当時発行してくださった出版社の役員が私への執筆依頼に関して、

「人物伝をまとめるのにあたって、手慣れた、名だたる先生に資料だけを渡して書いてもらうより、怒鳴られたこともある、そして会長室から臭う酢の香りまで知っているあなたが書くことに意味がある」とおっしゃってくださり、慣れないペンを進めたのだった。


一九八一年四月「自宅から通える芸能界」という思い付きから選んだ吉本興業に入社できて、その年の七月に広報担当になってそれ以来、広報畑が長かった。

今日ではパソコンもメールもＦＡＸもあるが、それらすべてが存在さえしない時代の「広報パーソン」から見た会長の物語だ。

入社後、十年が経ち、一九九一年四月二十四日、林正之助会長が亡くなったその日

は広報担当者としては長い一日であった。

私は総務部と組み、逝去に関してのデータや葬儀のことなどの詳細をスピーディに発表し、次期代表者の案内も同時に行った。そんな会長逝去の朝から、この本は書き進められている。

二〇一七年秋のNHKの朝ドラで我らの御寮さん、吉本せいをモデルとしたドラマが始まるそうだ。吉本興業にすれば創業百五年目の節目に当たる年なので、いい記念番組になると言えるだろう。

現実では彼女を二人の弟が支えた。吉本せいの十歳下の林正之助、そのまた八歳下の林弘高。創業者であり、せいの夫・吉本吉兵衛（のちの泰三）は一九一二年の創業から数えて十三年後に没したが、それと前後して、正之助、弘高が参画し、三兄弟の経営方針や精神は完全に現在のものの土台となっていると言える。

吉本興業は自前の劇場を積極的に持つことで、多くの芸人を傘下に置き、地位や待遇をカネでコントロールし、競争を必至にし、多くの人気者を輩出した。当時で言うと新進気鋭のメディア（ラジオ・テレビなど）が出てきた際も旧メディア（寄席小屋）を中心に「演芸」を見据えて、「どう落とし所をさがすか⁉」を思案し、結果的に今で言うと、メディアミックスを成功させていった。

こんな言葉がある。

「愚者は経験に学び、賢者は歴史に学ぶ」

「愚者だけが自分の経験から学ぶと信じている。私はむしろ、最初から自分の誤りを避けるため、他人の経験から学ぶのを好む」（オットー・ビスマルク。出典 Wikipedia）。

吉本興業には百年を超える経験と歴史がある。そして先人たちの足跡をたどることもたやすく出来る。

芸人が売れるとか、売れないについての法則はなかなか見つからない。私の経験から言えば必要なセンスは目の前におられる「お客様」との駆け引きだ。お金を払って「お笑い」を買いに来られた方に、どのような味付けの物を提供できるかである。その味を上手いとか不味いと決めるのは相手の「感性」次第なのである。

はじめに

「吉本興業は経験に学び、歴史に学び、誤りを避けるために他社や他人の経験からも学ぶ『生命体』である」と言いたい。

そしてそれを私は林〝ライオン〟正之助という人物を通して大いに学んだということだ。

目次

写真提供／吉本興業株式会社

第一章

その葬儀

吉本興業のXデイがやってきた

会長が死んだ。

東京のＴＢＳが特番を組んで放送してくれた河内家菊水丸の深夜のラジオ番組が午前三時に終了し、やっとこさ寝ついたころ、電話のベルが鳴った。

両親と同居しているわが一家は実家の二階に部屋を持つのだが、根っからの商売人の家だけに、電話の音に反射的に目覚めたおふくろがその電話を取ろうとして玄関まで行ったようだ。が、電話は三回のベルで切れた。横で深く眠っている妻の横でも子機が鳴っていたのに二階でも取り損ねた。

（オカンが玄関に行くよりお前の方が近いやんけ）

すぐ二度目のベルが鳴った。冨井総務部長からである。

「会長が午前二時四十六分に亡くなった。午前十時から本社で記者会見をしたい。準備してくれ」

「記者集めをするのにもう少し時間がほしいので、十一時ということになりませんか」と私。

「よっしゃ、それでいこう。本社には総務部の者が出社してる。そこで資料をもろてくれ」

私は漫才ブームの真っ只中、八一年に同志社大学を出て吉本興業に入社、三か月の京都花月勤務の後、現在の広報の仕事についている。

当時は「宣伝広報室」と呼ばれ、元々制作部内にあった「広報」と、看板や広告物制作担当の「宣伝課」がひとつになり独立したばかりのセクションだった。新入社員はまずタレントのマネージャーになり、その後番組のプロデューサーへ進むのがひとつのパターンだと聞いていたが、新セクションの創立メンバーとして、期待を胸にその職につき、以来十年間広報一筋でやってきていることになる。

(いよいよ吉本興業Xデイがやってきた。僕の出番だ。対マスコミは任せなさい)

ところが寝ぼけた頭にはまだエンジンがかからない。いっぱしのサラリーマン並に午前九時半出社を少し早めて出社しようか、ぐらいにしか考えることができず、再び布団に潜り込んで数分間横になった。いやそんな場合ではない。すぐに飛んで起き上がり、未だに締めるのが下手なネクタイを何度も締め直しながらダークスーツに身を包んだ。

「カァちゃん、ヨメさん行ってくるで」

しかし肝心の愛車ルノーキャトルのエンジンもかからない。三月の末にやっと見つけた生産中止後の新車は三十年前の型のやつだけに、まだ私より寝ボケてる。いまどき「チョークレバーを引いて暖機運転の後にスタートしてください」とはさすが時代おくれの車だ。

本社到着は朝まだ暗い午前五時前。芸人からは「職員室」それも「体育教官室」と呼ばれている四階フロアは、総務部の所だけ電気がついている。

早速広報室の明かりをつけて仕事開始である。室長の吉野次長は東京出張中のため本社に戻れず、上司の山下、田中、後輩の田沢が順にやってきた。彼らには家を出る前に自宅に電話を入れておいた。

そう、こういう時の共同通信社頼みと思っていた私は、会社に出る前に自宅から電話で問い合わせた。共同電は午前八時以降でしか発信されないとのことだった。そこで本社で朝から私の電話大作戦の始まりである。

手元には、

「吉本興業株式会社会長　林正之助　平成三年（一九九一年）四月二十四日午前二時

四十六分　大阪厚生年金病院にて心不全のため死去。九十二歳。密葬は同月二十五日午後二時から吹田市桃山台五‐九　千里会館にて。葬儀・告別式は社葬として五月十三日午後一時からなんばグランド花月劇場にて」

との手書きの資料がある。

在阪新聞社の社会部の泊まり記者から警備員への伝言、吉本番の記者の自宅、東京、大阪のテレビ局の報道部へと電話をしたおした。大きな声と早口が私の特技だ。

先方は突然の訃報にも皆冷静に対応してくれた。午前六時過ぎには一応の連絡も終え、六時半ごろ早速NHKが映像なしでニュースを読みあげ、民放局もそれを追った。テレビのニュースを見た在阪の記者から広報への電話が続々と鳴った。

「会長死去にともなう新役員の発表は、本日の午前十一時から本社屋上NSCリハーサルルームでの記者会見で行ないます」

もちろんこの情報も伝達されており、あとは会長の詳しいプロフィールのコピーや懐かしい写真類をプリントして会見を待つのみである。午前九時には早くも一服させてもらった。

床が抜けないか心配した記者会見会場

そして九時すぎ、訃報を知った社員もまだ知らない社員も本社にやってくる。制作部のデスク担当もマネージャーたちもやってくる。

「本日の仕事は基本的になんの影響もなく、平常通りにすすめてください」

この日、吉本のタレントで一番早くに仕事を持っていたのがラジオ大阪で月〜金の帯の番組を持っていた西川のりおである。彼にも本番前に自宅に電話を入れ、コメントをはさまず訃報のみを伝達しておいた。話せることはそれ以上でもそれ以下でもない。

のりおはただ「はい」とだけ答えた。寝起きでまだ頭がはっきりしないのか、それとも事態を深刻に受け止めているのか、のりおの反応は私にはよくわからなかったが、のりおはただ「はい」とだけ答えて、電話を切った。

その後、続けて業界関係者、演芸界、放送、新聞、出版、広告、銀行、證券、政治、そして一般の人からも通夜、密葬についての問い合わせの電話が入った。

「通夜、密葬とも会長の遺志により、しきみも香典、お花もお断りせよ」

ということだったので、

「お時間があればお顔だけ見せに千里会館においでください」

と言うだけだった。

そして午前十一時からの記者会見会場。普段は吉本の新人養成所、よしもとNSCの稽古場でやるのだが、大勢の記者が来る時は四階にある第一会議室ではなく、ここを使用するのである。この日も総務部は「第一会議室で会見をやろう」と判断していたが、朝からのマスコミの反応から見てその小さな部屋に入り切れるわけがなく、NSCの稽古場にしようと言った。

このスタジオは二年ほど前、木村制作部長が横山やすし解雇宣言の会見を行なった所で、吉本興業において大きな出来事、事件の時には必ずここを使っていた。いつも私は記者会見の口火を切る司会役で、吉本興業から挨拶するのもいつも私が最初なのである。

この日は早朝に臨時役員会を開き、中邨秀雄副社長が同日付で社長に就任することも決定されており、会見会場にはいつもの見馴れた吉本番の文化・芸能記者以外に社会部・経済部記者、週刊誌・写真雑誌記者、そしておきまりのテレビのワイドショウのカメラまでが勢揃いし、入場者は百人近くなった。

旧本社のあった心斎橋筋２丁目の吉本ビルの屋上プレハブ会議室には二十人以上入ったら床が抜けると、入社早々聞かされており、大きな会議の時は本当に全員が恐る恐る入っていたものだが、このＮＳＣスタジオも同様に吉本会館完成後建てたプレハブなので、床が本当に大丈夫かといらぬ心配もしてしまった。

そして遂にやって来たＸデイ。私の目の前で、ゆっくりと歴史のページがめくられていくような気がした。

芸能記者は花月など当面のタレントの動きを質問した。

経済部記者は早速、「新社長誕生」のニュースのため中邨社長の顔写真撮影と今後のビジョンについての質問だ。

テレビ局はなんばグランド花月楽屋の入口にまわり、出番を前に続々とやってくるタレントたちのコメント取りに走る。

この日、私は昼食をとったかどうか今も思い出せないが、午後三時のテレビのワイドショウが会長死去のニュースを流している頃、私は大きなあくびをしていた。

「歴史の本にも載りそうな一日に自分が関わってたんやなぁ」といった気持ちだった。

そして午後四時過ぎ、朝一番に四階入口に貼り出した「本日プレス関係者立入禁止」の紙もはがした。そうすると、いつものように吉本番の記者たちは彼らの普段の居場所である「プレスルーム」に入り、仕事をはじめた。もちろんいつものように広報の電話を自分たちの電話のように使って。

「竹中さん、芸人さんにコメントを取りたいんで、ちょっと電話借りますわ」

芸人たちのささやきが聞こえる

芸人たちは会長の死にさまざまな反応を示した。マスコミに求められたコメント、個人的なつぶやきから、ひろってみよう。

「会長は吉本のシンボルでした。私より倍以上の年齢なのに進取の気象に富んでおられ、いつも感心していました。昔の芸人さんの話をもう聞けなくなるのかと思うと残念です」と言うのは桂三枝だ。また、「一年前の寛美さんのお葬式の時、会長と手を取って、お互いもう少し長生きしようと言ってたんです。あの時はかくしゃくとしてらしたのに、本当に残念です」と言うのはミヤコ蝶々。

マスコミに求められたコメントであるから、紋切り型である（私も同じ立場なら、きっと同じように答えるだろう）。

しかし、その中にも、会長の性格、個性を口にする者もいる。なにしろ会長は独特の個性の人だったから。

「十六歳の時から二十九年間お世話になってきましたが、何千何百回と怒られました。選挙に出る時、最初は反対されましたが、『国会へ行く時はビシッとした背広で、舞台では楽しい服装をしろ』と気持ちのメリハリの大事さも教わりました」と言うのは西川きよしだ。そして横山やすしは「会長にはムチャクチャ助けてもろた。社長と芸人という関係より、親子みたいなもんやった。いつ会っても、『あんまりヤンチャすなや。漫才うまいんやから』と声をかけてくれはったことは忘れられへん」。数多い吉本の芸人で、横山やすしほど会長に可愛がられた人はいない。

よく怒るのが我が会長であったが、芸人たちも怒られなかった者の方が少なかったようだ。

明石家さんまの師匠、笑福亭松之助。「僕は昔から怒られてばっかりでしたからねえ。そんなエピソードとかは難波利三さんの本に書いてありまんねんけど、それよりも一番印象に残ってんのは、京都花月で出番終わって帰る時に、表で会長とバッタリお会いしましてね、その時に、『松っちゃん、表の看板に〝笑わします〟て書いてあるやろ。そない言うてお金を取ってお客さんに入ってもろてんねんさかい、笑わさな詐欺になるんやからな』と言われたのは、お笑いを営業にしている僕にとって、えらい考えさせられた出来事でしたなぁ……」

漫談のベテランで、平成四年二月に亡くなった滝あきらも「楽屋でハンバーグを食うてたら、『お前なぁ、こんな上等なもん食えるのも花月に出してもろてるからやぞ！　そんなぜいたくするんやない。お前らウドンでええんや！』と怒られました。それと『芸人は衣装だけは借金してでもええもん着なあかん。幸いお前はまだオシャレな方やけどな』言うて二万円くれはったことありまんねんけど、結局、それを小遣いにしましたわ。あとで会長に『この前やったアレで、何買うてん？』と聞かれまして、ネクタイを買わしてもらいましたとウソつくと、『ほんなら見せに来い！』と言われて、そのネクタイに合うたスーツ買うたら見せに行きますと言うて、結局そのままですなぁ」

ハンバーグで怒られてはたまったものではないが、けっこうやさしい面もあったようだ。
若井みどりは「なんばグランド花月ができたばっかりの時に、会長はどっか汚れてないか、どっかキズついてないかって毎日点検に来てはりました。その時、楽屋のロビーに私の弟子連中がたむろしてるのを見てはったんでしょう、下の駐車場でばったり会うた時に、『あのロビーにおる、きったない奴ら誰やねん？』と聞かれたんで、『い『弟子ですわ』と答えると、『お前でも弟子おるんか？』とまた聞かれまして、『いまますわ』と答えたら、『あんなゴロゴロした、しょうもない弟子取るな。弟子はあんたみたいに可愛らしい弟子が一人おったらええねんからな』と言われまして、ふだん怒られてばっかりやったから、冗談にしても嬉しいやらおかしいやら、みんなで大笑いしたことありますね」

そして相方の若井小づえ。「会長に『お前な、〝嫁にもうてぇ、もうてぇ〟ばっかり言うて、変な帽子かぶってんと、これからは男のカッコして舞台に立て』と言われまして、ネクタイやらスーツやら、それとボルサリーノみたいな帽子をいただいて、それでしばらく舞台で漫才しました。そのダンディな帽子は今でも大切に置いてあります」

そう、会長はファッションに関してたいそう口うるさかったのである。

月亭八方は「会長に一度スーツを見立ててもらいました。その時締めてたネクタイを取られてゴミ箱に捨てられました。ぼくらにとっては、サファリパークのライオンみたいな感じで、安心やけどいつ噛まれるかわかれへん人でした」

新喜劇の井上竜夫は「うめだ花月に出ていた時、事務所に会長が来はってね、僕ら食事しに行こうとした時に会長に呼びとめられてね、ズボン見られたんですよ。それで『君なあ、ズボンのスソをなにケチってんねん。ズボンはな、ふたつぐらい折り返しがなかったらアカン。これが余裕というもんやで』と言われました。怒ってんのか、冗談なのかわからんけど、その時僕のズボンはシングルでしてんけどねえ……」

そして意外に可愛い一面もあった。ジャズ漫画の木川かえるは言う。

「髪の毛がけっこう長かった時に会長が来て、『ビートルズやあるまいし、マンガ描くんやったら、毛ェ切ってさっぱりせんとあかん』と怒られて切ったことありますわ。それと、お孫さんがまだ六歳ぐらいの時でしたかなあ、似顔絵描かしてもうたことありますねん。その時も『かえるのおっちゃんはなあ、日本一の漫画家やねんでぇ』言うておだてられてねぇ。うまいこと描かされました。

それから、お亡くなりになる一年ぐらい前に、『かえるくん、ワシのサイン考えてくれへんか？』言われましてねえ。それで『なんでですのん？』ときいたら、『最近、若い女の子がサイン求めて来よるんや。その時にサインがないと示しがつかん』と言いはりまして、一生懸命考えてお渡ししたことがあります」

お笑い劇場だから線香は焚かない

平成三年五月十三日、林正之助会長の社葬の日。

葬儀を仕切ったのは地下鉄、市バスの「俳句」の広告でおなじみの公益社だった。『秋庭に煙のぼりて　空広し』てな、無常観をかきたてる、えもいわれぬ俳句が季節ごとに私を愉しませてくれる。その公益社のマニュアルにそって葬儀の進行表が作られた。

祭壇の方の演出（と呼んでもよいのだろうか）はもちろん我が社の誇るなんばグランド花月の施設を駆使してのものになった。

いつもはお笑いをふりまいている舞台にこの日だけは大きな祭壇が作られ、白菊や蘭やユリなどの花に囲まれ、林正之助会長の遺影が飾られた。ただし、お笑いの劇場に線香の匂いが染み付いてはいけないというので、線香は焚かれない。

ＢＧＭは、葬式の選曲など初めてだという吉本同期の制作部プロデューサー、中井秀範が三日三晩悩んで選んだナナ・ムスクーリの「アメイジング・グレイス」とバッハの「音楽の捧げもの」。そして参列者の送り出しには、エリック・クラプトンの「Unplugged」だった。

四天王寺導師読経のあとはその祭壇が下手に移動し、ＮＧＫシアター自慢の大型テレビ・ジャンボトロンが現われ、会長の元気な頃の姿を映し出した。続いて桂三枝と西川きよしが会長の在りし日のエピソードを語り、三枝がステッキ、きよしがブレザーと形見も披露した。

我々社員は午前九時に集合したのだが、当日ともなると、社葬の始まる午後一時まで、そう忙しくないものである。珍しくこの日は「昼食用の弁当を四階総務に置いてありますので、適当に腹ごしらえしておいて下さい」と弁当が用意されていた。私は弁当を朝食兼昼食のつもりで早々と午前十時頃にはたいらげてしまった。そして社員全員が同じ弁当を食べてると思うと、この会社だけに滑稽でしかたがなかった。

社葬での私の担当はもちろんマスコミへの対応だ。テレビ中継については制作部が担当し、それぞれの局には社葬式場内の映像が会館内の副調整室より共同映像として分配されることが決められており、式場内へのカメラの持ち込みは許可されなかった。またＶＴＲ機器、簡易スイッチャー等の設置場所は三週間前に記者会見を行なった屋上のＮＳＣスタジオが用意された。

吉本会館一階にはレストラン、コーヒーショップ、うどん屋、お好み焼き屋、そして吉本興業直営の旅行代理店「よしもと・ツアーズ」、タレント・キャラクターズ・ショップなどのテナントが入っているのだが、この日だけは全店休業で、「コーヒーの青山」は関係者の待機場所。レストラン「ブラッスリーライオン」はマスコミ関係の控え室となった。よってテレビ関係以外の平面媒体は私が一手に「ライオン」で仕切ることになった。

今日はどこの社も大勢の記者とカメラマンを出している。私が入社した十年ほど前に現役の吉本番だった懐かしい人たちも全員集結だ。

まずはスチールカメラの人たちに撮影しても良い箇所と時間の指定だ。こういう時はふたつ以上の社の希望を聞くと全ての社の話を聞かねばならなくなる。ここは私の作ったマニュアル通り、セット紙（四大紙）からモノクロ、カラー撮影を一人ずつ、スポーツ紙も同様。あと雑誌関係はモノクロのみで一人。計五人のみ入場を許可し、彼らを誘導した。どこもが他社とは違う絵を撮りたがる気持ちは分かるが、ここは一番、決めたもの勝ちなのである。吉本は記事を作るために葬式をしているのではないし、マスコミは葬式を記事にしに来ているだけなのだ。

ところが、こういう時、いつもマスコミは勘違いしてやって来る。これはジャーナリズムと呼ぶことはできない。

午後一時。指定のカメラマンを早めに誘導し、あとはこの日弔問にくる吉本内外のタレントを取材しようとする記者たちの整理である。ガマの油売りではないが、この日は「この線から入らないで下さい」とNGKホール一階正面入口に立ち、何度も大声を張り上げさせてもらった。

顔見知りでない記者から「そこのけよ」とか怒鳴られて、さすがの私もこの日は「協力せぇや」と言い返しまくっていた。

横山やすしが泣いている、震えている

そして十二時五十五分ごろ、突如、横山やすしが正面入口からやってきた。会長の死んだ四月二十四日以降、たびたびマスコミに登場していた横山やすしは悲しみを隠すこともなく、涙を流しながら、「葬式には行かへん。すべてが終わった後、一人で墓参りに行って頭を下げる」とコメントし、スポーツ各紙はやすしの「恩に報いるためにも吉本興業に帰って漫才をやりたい」という言葉を受け、一斉に「やすし、吉本へ復帰」と書きたてていた。

彼は正面入口左手のエスカレーターに乗り、二階芸能人受付で、震える手を抑えながら「横山やすし」と署名した。もちろん横山やすしの入場を止めようとする関係者は一人としていなかった。

その中で私は正面エスカレーター横の階段を駆け上がり、彼の写真を撮ろうとするカメラマンを何人も引きずりおろした。知った顔もあったが、ここは仕方がない。

レストラン「ライオン」の方では順次弔問の済んだタレントの会見を開く予定でスタンバイしていたのだが、予想通り、横山やすしの会見を準備してくれとのリクエス

トが上がった。私に言えることは、「今はもう吉本興業のタレントさんやないですから、声は掛けてみますけど、どうなることやら」だけである。

木村制作部長に問うたところ、「横山さんにきいてみいや」との返事。とりあえず芸能人関係者が座っている二階を見るために舞台の下手そでに行った時である。西川きよしが劇場の外の廊下に走る。横山やすしが急に二階から下りてきたという。順番では一階の政財界、マスコミ関係者が献花した後、二階の芸能関係者が下りてくるはずなのにである。

「キー坊、ワシ、震えが止まれへんねん。ホンマは中座したらあかんのに、もういてられへんから下りてきてん」

確かにこの日はアルコールの匂いをさせることもなく、やせた白髪だらけの中年男は目を真っ赤にして震えながら下りてきたのである。

「そろっと送って行ったげてくれるか」

西川きよしの言葉を受けて、制作部員二名と私は横山さんを囲んだ。

劇場の裏口をのぞくと、ちょうど記者は二、三人しかいない。

「今だ」

私はその中年男の左腕をかかえ、そうっと裏通りに出た。運良く我々を見つけた記者は三人だけ。一社の記者などは裏口をマークしていた割には手にするカメラがなんと使い捨てカメラで、私たちの前に立っては「カリカリカリ」と間抜けな音でフィルムを巻き取りながらシャッターを切る。ひとりの記者は懸命に彼の言葉を求めている。もちろん記事になるような言葉ばかりを求めて。

「やすし涙の別れ」「いたたまれず途中退席」「居ても立ってもおられへんかった。舞台にキー坊と三枝が上がって思い出をしゃべってたけど、本当はあそこに自分もおらなあかんのに……」などの翌朝の紙面。もちろん使い捨てカメラの写真も生かされていた。

我々一行は人目とマスコミの目を避けて千日前通りの一本東裏の通りを北上し、プランタンなんばの横を通り、新歌舞伎座の前に駐車してあるボート仲間の車まで誘導した。

すると横山やすしは記者へのわなわなした話し方とは別に、車の置いてある場所まで案内してくれる友人に向かって、

「そないサッサと先に行ったら、ウチの従業員、ウロウロするやないか」と元気な罵

声。

若干安心した私は横山やすしの軽い体重を右腕にインプットしたまま、彼を乗せた車を見送った。

今度彼に会えるのはいつ、どんな時だろうか。

魔王の可愛がった芸人たち

私が知っている会長は、いわば晩年の会長である。年齢にすれば、八十二歳から九十二歳までの、約十年間を遠くから眺めていたにすぎない。

いや、これは私だけでなく、多くの社員がそうである。戦前からの人はすでに定年などで会社を去り、年配の人の多くは一九五〇年代に吉本に入社した人であり、その時すでに会長は「帝王」「魔王」として君臨し、近寄りがたい存在であった。

社長以下、重役も会長の「一言」にピリピリし、私たち社員は直接、会長に口をきくことなどは殆どありえなかった。吉本の王者ライオンはなんと十九世紀末、一八八九年生まれで、吉本興業関係の中でもちろん会長を越える年齢の者はいない。

そんな中で、会長の懐に入り、仕事ではなく日常レベルで会長と接していたのは芸人たちだったのだ。

とは言うものの、すべての芸人が会長に接していたわけではなく、ごく限られた芸人が会長に可愛がられていたようだ。

「芸人」を「商品」と呼ぶ会社であるからこそ、芸人とは愛情をもって接しているのだ。

会長は戦前の芸人では花菱アチャコと柳家金語楼のことをよく思い出して話していた。

「彼らと待合（茶屋）で遊んだ時なんか、もう腹を抱えて笑いましたね。調子はずしておもしろいことさしたら、ほかのもんではやれませんわ」

アチャコはしょっちゅう会長について回ってはごちそうになっていた。

そして戦後はやはり笑福亭仁鶴。

私にとって彼は小学生の頃、昭和四十年代のお笑い界のヒーローだった。当時は「うれしカルカル」「どんなんかなぁ」などのヒット・ギャグを飛ばしまくった人だ。

もちろん東京・大阪を精力的に駆けめぐり、ダブルブッキングもトリプルブッキングも何のそのとばかりに走った人である。

　仁鶴の忙しさを経験した吉本のマネージャーたちはそれ以降、芸人の少々のオーバーワークに出会っても「まだまだ大丈夫、仁鶴はもっと大変やった」と言う。そんな安心感をくれた人だ。

　会長は仁鶴を大いに褒めた。私が吉本に入った頃は、しょっちゅう仁鶴のことを気にしている会長の話を聞いた。戦後、花月が復興して、寄席の興行を確固たるものにしたのが仁鶴で、その功労を大評価していたのである。

「仁鶴の出番のこと、ポスターや看板はちゃんとやっときなさい」

　いつも宣伝広報の部署にこう言いに来た。

「仁鶴のあの声も、あのアイデアも全盛期の桂春団治に似てますな、名人です。ただし、無茶をするので言うたら横山やすしの方が春団治より上ですけども」

　花月において、仁鶴の扱いを会長はいつもチェックしており、舞台のトリ（出番の一番最後）は仁鶴しかいないと言い、ポスターに印刷される仁鶴の顔や名前の大きさから位置まで、いつも目を光らせていた。

　この世界、芸人の評価はギャラの大小で決まるということもできるが、芸人はポスターや看板などの宣伝物での扱いについて大変なこだわりがある。興行を打っている側の評価やランク付けがどう表われるかを期待したりしているからだ。

ほかで例えるなら、映画会社やプロ野球チームが作るカレンダーの一月から十二月までの順番であったり、テレビの最後に出る名前の順番などにこだわったり気を遣ったりするというやつと同じである。

最近は減ったが、私が吉本に入社した十年前頃は、ポスターの名前をもっと大きくしてくれとか、早く写真を載せてくれと嘆願に来る者が多かった。また、それとは逆に新喜劇で座長クラスの人でポスターに顔写真がなく名前だけしか載っていなかったため、出番の前日になって「明日から花月には出ぇへんで」とクレームをつけてきたりもあった。そんな中で一番私の部署が気を遣っていたのが仁鶴のことだった。

ナンバーワンの誉れ高い暴れん坊

会長はまた、桂文珍のことも面白がり、可愛がった。

文珍が「道頓堀川」という創作落語を作った時である。このネタ、実は吉本興業の

社員をモデルにしたもので、道頓堀川の水面に油を見つけた会長が、

「川底に油田がある。それを社員全員で掘り起こせ」

という号令が出たというところから始まる物語である。

早速、会長は自分が主役になったことを面白がり、文珍を特別なお客さんしか連れて行かないミナミの料亭、大和屋に招待し、自分の前で独演会を開かせた。

「文珍は頭よろしい。私の乗ってるのより高い外車に乗り、飛行機も運転します。金を貯めるのが巧いですねぇ」

会長の前だけでやった独演会、この時のギャラがいくら支払われたのかは、直《チョク》（接）の余興だったので額は定かではない。

またネクタイをもらう機会のあった文珍がそのお礼というのだろうか、

「会長、良いネクタイをありがとうございました。私なんぞはあの様な素晴らしいネクタイの似合う洋服を持っておりませんのでそちらの方も……」

とシャレで返したところ、

「よっしゃ、ええ洋服屋を紹介したろ、勘定は自分でやってや」

ともうひとつシャレを返した。ユーモアでは負けていない。

そして漫才師になって十年目でやっと売れた今いくよ・くるよのコンビ。この二人のことも会長はいつも気にかけていた。女性への優しさは明治男のダンディズムか。いや、会長は時代を感じさせない人だ。今ここで会長のことを〝明治男〟と書いたが、これほどこの言葉が似合わない人はいないだろう。亡くなるまで吉本興業の最前線にいた会長は〝現代男〟だったのだ。

本当にいつも、いくよ・くるよのことを見つめ、評価していたのだろう。

宮川大助・花子の夫婦コンビも同じ様に可愛がられていた。

どこで可愛がられていたかを計るのかというと、単純にどのくらい会長室に呼び出されていたかによるのである。この呼び出しの内容はというと、殆どは褒めてやって、物をプレゼントする時である。私たち社員が呼び出されて怒鳴られるのとは大違いである。

そして横山やすしである。林会長の前を通り過ぎて行った数百、いや数千人の芸人たちの中でもナンバーワンの誉れ高い暴れん坊である。

いくつもの暴行事件や酔っ払って事件を起こしては世間を騒がした反面、西川きよしとのやすきよコンビは歴史に残る名漫才コンビといえる。

私が吉本興業の社員になってから体験したやすきよの漫才は、持ち時間の十五分を越えること十五分、二十分、と乗りに乗ったもので、見た時はさすがに鳥肌が立つほどのパワーがあふれていた。笑い声や拍手の嵐で小屋が揺れるのである。花月の団体が残していった弁当の残骸をむさぼりに集まってくるドブネズミもびっくりしたことだろう。

天性の勘を持ち備えたやすしと、努力型で持ち前の判断力の良さを持ち備えたきよしのコンビの漫才は今考えても本当に凄かった。客前で、絶対的な力を持つやすきよを本当に会長は愛したのだ。

最初の事件を起こした頃、やすしのことをきよしは待った。会長もやすしのために幾許《いくばく》かのギャラを振り込んだ。誰もが早く舞台に帰ってくることを望んだのだ。「芸人はこうあれ」という様なマニュアルが存在しない世界である。このルールなき世界でやすしの突飛さを会長は一番愛したのである。

「やすしには手を焼きましたな。漫才の力は日本一ですが、私を困らせよることも日本一ですわ。飛行機を買うから金貸してくれ、映画作りたいから金貸してくれ。桁違いの無茶な男です」

この無茶な男は、とうとう吉本興業初の解雇処分を受けたのだが、彼こそ最後の「芸人」であると私は言いたい。とことん感情的に自分中心に生きていこうとしたスタイルには私でさえ憧れる。

実は会長自身が、死ぬまで心配ばかりさせられた横山やすしのような生き方をしたかったのではないだろうか。

キミ、写真とってくれるか

吉本会館に引越して早々のこと、今日は会長室に日本船舶振興会会長の笹川良一さんがやってきておられるという。よくは知らなかったが、お二人は旧い知り合いとのこと。

ここで一大事である。いつも何かある度、お客さんが来る度に写真を撮らされていた同じ部署の後輩が外出している。私もいち早く逃げて今日のところのカメラマンは遠慮したい気持ちだったが、秘書の人に見つかってしまった。

「オートフォーカスのカメラはここにあるから頼むで」と秘書氏。

「オートフォーカスで押すだけのヤツなら自分で撮ってくださいよ」とは口には出せず、呼ばれるまで部屋の前で待つことになった。

まあ、この時間の長いこと長いこと。「もし写ってなかったら、やっぱりこういう時は会社をクビになるのかなぁ、一身上の都合ということで辞表を出させられるのかなぁ」と不安が脳裏をよぎる。

そして悪い話を思い出した。今も良き上司である山下課長のことである。

今は、もう大学生になられた会長の初孫が、野球のユニフォームをフルセットで買ってもらった時である。山下課長は写真を撮りに家まで来いと言われたのである。

宣伝課に籍を置いているのと、写真が上手く撮れるかどうかは全然関係ないのに、いつも指名されたそうだ。会長は「宣伝課は写真も撮れるもの」と決めていたかららしい。

そしてニコニコ顔の会長は室内で軟球を投げてはバットで打たせるのである。こうなれば山下課長、プロのカメラマンよろしくいろんな角度からのスナップ撮影である。そして会長のＯＫが出て、早速プリントに出しにカメラ屋に走った。

大事件発生！

フィルムが一枚目からすべて巻き上げられていなかったのである。

そのまま言い訳を考えながら眠れぬ夜を何日か過ごした。いよいよ報告せねばならない。

「バカモーン、おまえは写真もよう撮らへんのか、もう頼まへん」

会長の機嫌の良さそうな日にキッチリ訪ねた結果がこれである。

その日、だからといって最初から私は怒られるために会長室へ向かうのではない。

「そろそろ撮ってもらおか？」

奥から例の大きな声がした。会長のささやき声なんてないのだ。いつも大きな声だった。

「ハイ」

撮影開始である。しかし具合の悪いことに電池が上がりかけているのか、フラッシュのチャージが完了しない。そのうえ会長と笹川さんが逆光の位置にいる。かといって、ふたりに位置を変えてくださいとも言えない。

カメラを振ってみたりしたら、「カメラなんかふらんと早よ撮れ」

やっとOKのランプがついた。しかし私の方が震えてきてるのでブレたらどうしよう。一枚目はガッチリ握手したものだ。

（これで終わってよ）

「もう一枚は指切りげんまんや、これは珍しいぞ、撮れ！」

もうどうにでもなれ。これほどまでビビッたことはほかにない。ジャマイカでルードボーイ（不良少年）に金をせびられた時よりドキドキした。

が、お陰さまをもって二枚のカットは無事に撮影され、引き伸ばされたその写真は会長室に飾られてたとさ。めでたしめでたし。

とはいえ、会長のいらち（大阪では短気のことをそう呼ぶ）ぶりは群を抜いている。

ある社員が朝出勤しようと、神戸から大阪まで阪神高速神戸線を大阪に向かっていると、後方から黒い外車が猛烈な勢いでやって来た。クラクションをけたたましく鳴らしながら、次々と前の車を追い越していく。擦れ違いざま、その車をちらりと見ると、後部の座席になんと会長が座っているのである。そのまま後を追いかけようとしたが、あまりに速くて、やがて見失った。

運転手の話によると、後部座席で会長がいつもいらいらしながら進路をいちいち指示するのだという。

「右や、右が空いとる。右に行かんかい！」「こら、もたもたせんと、早う追い越せ！」「赤信号では一番前に停まれ。信号が青になったら、一番に飛び出すんやぞ。負けたらあかんぞ」

と後部座席から激しい檄を飛ばすのだという。

ステッキはオモロナイ芸人をしばくため

「会長に一回や二回は怒鳴られてないと吉本の芸人やない」と言われるぐらい数多くの芸人を怒ってきた会長だが、同様に社員も怒鳴りたおしていた。

派手なネクタイをしていたらセンスが悪いと怒られ、流行りのラグビージャージを着ていたら「よこしまなものを着やがって」とまた怒られ、「オレ」と話してるのを聞くと「ボク」と言いなさいと怒られた。仕事以外のことでもだれかれなしによく怒った。

私ももちろんそのクチだ。

「花月の前に出す看板の下絵を見せに来ると聞いていたのに持って来ない、説明しろ」と会長室に呼ばれた。

この時、実は正月番組で桂三枝と西川きよしが大看板で漫才をするという予定だったのだが、その出番のことや名前の順番のこと、またスケジュールも調整中だったので、間に合うも合わないも宣伝担当の私では処理できないことだったのだ。

この日で会長室に入ったのは二回目だ。

いきなり会長のストレート攻撃。

「お前ら（私の上司も同席してくれたので）みたいなヤツはやめちまえ！　吉本にいつまでいたってもうだつが上がらんからやめろ！　もう明日から会社には来るな、アホンダラ！」

理由を説明に来いと聞いて行ったのに、結局はこれだったのだ。

「すいません」と頭を下げ続けるふたりに、「テメエらみたいなのは、どこへ行ったってだめだ！　バカモン！」

何故か会長から関東弁が出ると、より以上に怖さが増すのだ。

「これからはちゃんとします。すいませんでした」

上司と二人で謝って会長室から出て来たのだが、なお、その背中をめがけて罵声が飛んで来た。

「バカモン！　早く出て行け！」

「山下さん（同行した上司）、いよいよ明日は会社に来んときましょか」

「三菱銀行や住友商事やったら、会長に直接こんな怒られ方せぇへんやろな」

しかし怒られたからといって明日から会社をやめるわけにはいかない。どうしたかというと、せめてしばらくの間、会長に顔を合わさぬようにといった作戦をとった。翌日だけといわず、一週間ぐらい、会長の姿を見かけたら他のフロアへ行ったり、トイレに逃げこんでいたのだ。

これは芸人にも言えることで、会長の前では誰もがいくつになっても「怖い体育教官の先生の前のやんちゃな中学生」みたいなものだったのだ。

ダウンタウンの漫才のネタにこんなのがあった。

「会長はファッションでステッキを持ってはるみたいに見えるけど、あれは言うことを聞かへん芸人や、オモロナイ芸人をしばくために持ってはんねん」

ところがこのネタを聞いた会長、どうも気に入ったらしく、クレームをつけることはなく、一言、「ステッキはそんなことにはつこてへんて言うとけ」と伝言してきた。

まだ心斎橋の2丁目に本社があった頃、エレベーターを待っていた会長の前で開いた扉の中はテレビ撮影の機材やスタッフなどで満杯。

「先に下りなさい」

その後、せっかちな会長はその扉が閉まるとすぐにエレベーターのボタンを押したからさあ大変。中には同じ顔ぶれのスタッフが——。

「早く下りろ！」

そう大声で怒る会長はやっぱりウワサのステッキを振り上げていたらしい。

しかしお洒落にかけては吉本興業ナンバーワンの会長。服装や持ち物についてもよく人のをチェックしていた。

夏にはいかにも涼しそうな麻のスーツに陽よけの帽子とステッキ。冬にはなんといってもダッフルコート、もちろん素材はカシミアか。これで戎橋の橋を北風に吹かれながら颯爽と歩く姿はベストドレッサー賞ものだった。

そんな中で私は二回も会長に褒められたことがある。

一度は私が贔屓にしてる京都の洋服屋「バスケットボールチーム」が作ったショルダーバッグで、ズック地の布のまわりだけが皮で縁どられているものを褒めてもらった。旧本社の一階でエレベーターを待ってた時、

「ええ色のカバン持ってるな。皮のところがええ」

「ありがとうございます」

褒めたり褒められたりよりは、けなしたりけなされたりの方が多い業界の中なので、小さなことでも結構嬉しかった。

またもう一度は会社の出張でロンドンとパリへ渡り、ミュージカルを見るつもりが一本も見ず、ロンドンで服ばかり買ってまわった時に仕入れたジャケットを着ていた時である。これは吉本会館のエレベーターの中でだった。

「ええ生地のん着てるなぁ」と実際に触ってチェックまでされた。

私は「ロンドンで買ったイタリア製で、出張のついでに買いました」とは言えず、

「はい、ありがとうございます」と一言。

ところで私は革ジャンにニッカーボッカーパンツを穿いて、編み上げのブーツを履いて街を闊歩する会長の戦前の写真を見たことがある。確かにカッコイイ。そしてこ

れはまた恐い。

　私はその写真を思い出し、その不敵な面構えの男をもっと知りたいと思うのである。吉本に入社して十年、会社のことはほぼわかるようになったが、考えてみれば、私は会長のことをほとんど何も知らずにいた。

天満時代の林正之助（右）

舶来生地の洋服を着る林正之助。正之助御用達の写真家 OSAKA FUKUDA の名前が入っている。

(左上)昭和２年（1927）モボ・モガ流行。(右上)当時モダンボーイは刈り上げであった。(下)吉本興行部総監督として。(左より)正之助、不明、瀧野支配人、神田伯龍（講談）。

新婚時代の林正之助。右は妻の勢。

(上)自宅にて。当時としては豪華でモダンな住宅であった。(左下)青年たち憧れの遊覧飛行。「NAL」とはナニワ・エアラインか？　もしくは西田飛行研究所の機体か？　(右下)昭和初期の最先端ファッション。帽子はボルサリーノ、マフラーはチェック。

サイン入りポートレート。当時、芸能人、ミュージシャンは好んで自分のサイン入りポートレートを作った。

(左上)正之助夫妻と吉本せい次男穎右。(右上)正之助はトレードマークがハンチングとニッカーボッカー。(下)わらわし隊の陣頭に立ち上海に向かう。

(上)1960年代、当時、本社が心斎橋筋二丁目にあった。(下)1987年、吉本会館がオープン。会館内に劇場「なんばグランド花月」、スタジオ「NGKホール」、ディスコ「デッセ・ジェニー」などが開場した。

第二章

笑いこそ我が領土

酢の匂いと黒のキャデラック

何故、私は吉本興業の入社試験を受けることにしたのだろうか？

当時十月一日が会社訪問の解禁日だった。例に漏れず、夏休み中は友達の連れてくる会社関係の先輩に会って、そのうちに「本社に来て下さい、面談しますから」とか言われ、別にこっちから頼んで入りたい気持ちはないので最終面接でやめさしてもらったり、その他、就職情報にうとい私はリクルート社などから送られてくる無料の情報誌（これが電話帳五冊分ぐらいがいっぺんに来る）を見て、「こんな会社知らんわ」のオンパレードには呆気に取られ、せめて自分の知ってる会社にしたいと願っていた。

その時、大学の就職部の掲示板のマスコミの欄に放送局や新聞社、広告代理店に混じって「吉本興業」の名を発見した。大学生の頃はクラブ活動の代わりにタウン誌の編集やそこが主催するイベントの手伝いをやっていたので、流れ的にはマスコミ志望学生だったから、そこからいくつか選ぶことにした。しかしいくつかは、学部指定があったり、学内推薦があったり、新聞社はどれも難しい筆記試験があったりで、早くもこっちが選ぶ前に、あっちに選ばれていたのだ。

十月一日に朝から並んで、最初に訪れる会社が一番志望の会社であるというのだが、マスコミ各社は事前に電話予約を受け付けており、どこも十月五日以降しか会ってくれない。もちろん九月中に会社の説明を聞きたいという名目での訪問も許されていない中、吉本興業は「いつでもどうぞ」だったので九月中に一回顔を出しておいた。

十月五日までいろいろと突然の訪問ＯＫの広告代理店などをまわったが、どうも乗り切れない。自分はメジャー志向であることに気がついたのだ。やはりベースになる部分が広くないと気に入らない。大きい舞台で暴れたかったのだ。今だから話せるが、放送局の方ではふたつくらい結構上位までは行ったのだ。

ふたつとも制作部の募集に誘われて応募したら、ひとつはアナウンス部の試験も受けに来ないかと一回目の面談の後、電話がかかってきた。広告代理店の筆記試験と同じ日にマイクテストがあるという。どうせ勉強はしてないのでアナウンサー試験もよかろうと、その局を目指した。まわりは就職浪人をしながらもアナウンサーを目指してる強豪ばかりである。またここでも全く勉強をしていない私は浮いてた上、失格だ。もう一局は当時よく試験に使われた、グループ・ディスカッションに呼ばれた。一つのテーマを五人の学生で九十分程度討論させて、試験官がそのまわりをウロウロしながらチェックするというものだ。就職の案内書には、こういう時は主張することだけ言い合うのではなく、司会役、進行役、二大対立意見、それをなぞっていく役などに分かれるのが理想的だと書いてあった。論客としては私自身、下手を打ったとは思わなかったがここも失格だった。

同じ頃、マスコミを受けている多くの者たちは、メーカーや金融などの内定を貰ってきていたが、私には後がなかった。何故か吉本しか残っていなかった。それも落ちたら、パン屋か何かに弟子入りして手に職をつけようかとも思っていた。

ところが二回の面接試験しかなかった吉本興業が内定をくれた。二回目の面接の日が月曜日で、まわりは皆前夜放送の「花王名人劇場」のことをたくさん聞かれたとか言っている。残念ながら私は聞かれていない。花月は父親と何度も通っているし、吉本新喜劇のエキスを血肉に染み込ませた少年だったし、デビューまもないカウス・ボタンに京阪電車で会った時、友だちと一緒にサインも貰っている。そんな私に内定が出た。まあひと安心。あとは残した単位をシッカリ取って卒業するだけだ。しかし私が吉本興業に拾ってもらったのはどこがよかったのか？　声が大きかったからか。実は私も家から通える芸能界であるというのが、ここを選ぶ大きな要因でもあったのも安易だったのだが。

しかし失礼な学生だったものだ。今でこそデカイ顔して広報マンを名乗っているが、入社までの私はといえば、本社にはベテラン芸人の花紀京や笑福亭仁鶴が座っていることもあると信じていたのだ。その上、総務部や経理部があったことにも驚いた。マネージャーやプロデューサーしか頭になかったのだから。

その無知さゆえ、ムキになって、広報に所属後は、吉本興業の会社・スタッフの紹介などの企業研究もののニュースを多く発信していく課報部員になっていくのだから、世の中わからないものである。積極的に東京の雑誌や新聞に企業研究の特集を組ませたりしたのだから。

自分自身がやっと会社のことが分かったからには、入社して二年生ぐらいでも、「会社のことは何でもきいてください」という男になれてしまうものなのだ。

さて吉本に入社して、初めて会長に会ったのはいつのことだっただろうか。しかし、実のところそれがなかなか思い出せない。

私の会長についての一番最初の記憶は酢の匂いである。

入社した年の七月、私は京都花月での現場見習いから本社に移り、七階の事務所に勤務することになったのだが、七階の一角に安っぽいベニヤ板で仕切られた「会長室」があった（この「会長室」のチープさが、いかにも吉本らしくて、私はそれを見るたびに吉本に入社したことを実感していたものである）。ある日、私がデスクに座っていると、どこからともなく酢の匂いが漂い、どうやらその匂いのもとは会長室のようだった。奇妙に思って尋ねてみると、会長が酢に足を浸して水虫の治療をしているとのことで、真面目な顔で酢の匂いに耐えているまわりを見て、私はおかしくて仕方がなかった。と同時に、会長の特異なキャラクターに驚かされたのである。

また、心斎橋筋に堂々と停めた黒いキャデラックにも驚かされた。心斎橋筋は駐車禁止だが、それでもごくたまにヤクザが大きな外車を停めていることがある。わが吉本本社のあるビルの前に、早朝、黒いキャデラックがよく停められていて、出社した私はまたヤクザが車を停めていると思っていたのだったが、なんとそれは阪神高速神戸線をぶっ飛ばし、午前九時の始業時間の前に早々とやって来て、ほぼ自分の趣味といっていい株式市況のチェックに余念のない会長の車だったのである。

これが「よしもと」のルーツだ

「よしもと」の歴史は古い。以下、黎明期の「よしもと」の記録、資料のダイジェストである。

「よしもと」のそもそものスタートは元号が明治から大正に改まった一九一二年のことであるといわれている。

ところで、会長の名前が「林」正之助であるのに、会社の名前がなぜ「吉本」興業なのか？　これが私の入社当初の素朴な疑問だった。「もしかして会長は妾の子供だったのかな？」「いや、そうじゃなくて、ただ養子に行っただけなのかもしれないな」とあれこれ想像していたのだった。しかしこの疑問は「よしもと」のルーツをたどる中であっけなく氷解してしまった。

明治四十五年（一九一二年）、大阪は上町に住んでいた若い夫婦吉本吉兵衛（のちに泰三と改名）・せいのふたりが天満天神裏門の寄席「第二文芸館」を手に入れてその経営を手がけたのが、「よしもと」のそもそもの始まりだった。

そのとき吉兵衛は二十六歳、せいは二十二歳であった。そしてせいは兵庫県明石の生まれで、旧姓を林といい、全部で十二人の兄弟がいて、その中に後の会長林正之助と後の社長林弘高がいた。

吉本吉兵衛とはどんな人物だったのか。彼を知る者はもう生存せず、資料、記録でしかその人柄を知ることはできず、『吉本興業株式会社沿革』にもこう記されているだけである。

「生来遊芸を好み余暇には撃剣の道場に通い剣舞を習っていたりしていた。隠し芸も本職まがいにやれる様になり、やがて商売は家内、職人に委せ、道場で知りあった印刷屋の職人で、通称サンパツという男を供に道楽三昧に入っていった」

吉本夫婦を素材にしたいくつかの小説、ノンフィクションもこの記述をもとにストーリーを展開している。

吉兵衛は豪商の別荘地帯であった上町の荒物問屋「箸吉」の若主人であった。当時の大阪は日露戦争後の好景気で、落語全盛で、ちょっとした金持ちの遊び人は寄席芸人を連れて歩くことを粋としていたと言われ、吉兵衛も同じ様に道楽三昧に耽っていたのである。その吉兵衛が寄席の経営に乗り出すわけだが、そのいきさつについては諸説ある。

まずは、道楽が昂じてついに自ら席主になってしまったという説。そしてもうひとつは、道楽三昧のあげく、親から受け継いだ家業の荒物問屋を潰してしまい、思いついたのが芸人との付き合いを活かした寄席経営だったという説である。

ともあれふたりは二百円の資金を調達し、天満天神の裏門にある寄席「第二文芸館」を買い取って、寄席の経営に乗り出したのである。

JR環状線の大阪駅から一つ目、「天満駅」で下車して、天神橋筋商店街を南へ。これが私の天満天神への正しいアプローチだ。

天満界隈は私のB級グルメの千年王国、B級ショッピングのアルカディアであると言える。シャリとわさびが透けて見える一皿百円の寿司。足袋のように爪先が分かれている化繊のソックス「タビックス」。チマ・チョゴリを着た厚塗りのオモニが経営する韓国料理店の大阪一美味なチヂミ（ちなみに私はチヂミが大阪名物お好み焼きのルーツだと信じている）。一着千円以下の派手なアロハ。知る人ぞ知る深夜零時に店を開ける超激安のうなぎ屋のうな丼、う巻、蒲焼き、肝吸い。中古の麻の浴衣。日本の女を口説くことしか考えていないのではないかと思えて仕方がない英語教師風の怪しげな外人がよく来ているメキシコ料理店のタコス。天満駅周辺はかくも私好みのアイテムにあふれているのである。

しかし、このアジア的様相は天神橋筋四丁目、天神橋筋三丁目、天神橋筋二丁目と天満天神に近づくにつれて薄れ、天満天神のある天神橋筋二丁目界隈は昼時に周囲のオフィスから出て来たサラリーマン、ＯＬ、それにこの界隈に多く仕事場を持っているライター、エディター、デザイナー、放送関係者たちが昼食を求めてさ迷うだけのさびれたところで、ここが人出であふれるのは正月三が日と真夏の天神祭の時だけである。

吉兵衛・せいの吉本夫婦が第二文芸館を買い取った明治四十五年当時も天満天神裏は決して寄席の一等地ではなかった。当時この付近には浪花節、浄瑠璃、落語、萬歳、江州音頭、仁輪加、講釈などの小屋が八軒あり、俗に天満八軒と言われて賑わっていた。しかし、どれも一流の寄席ではなかった。一流の寄席はすべて色町の近くにあり、法善寺の紅梅亭、堀江の賑江亭、新町の瓢亭、北新地の永楽亭がその代表だった。

吉本夫婦はこの三流、四流の寄席からスタートして、やがて大阪市内はもとより、十年の間に京都、神戸、横浜、東京に勢力を拡大していくわけであるが、その秘密は経営戦略にあったといえるのではないだろうか。

当時一流の寄席の入場料は二十銭。客は景気のいい金持ちの遊び人が主だった。それに対して第二文芸館の入場料は四分の一の五銭であった。しかし、これが金のない貧しい層の人気を呼んだ。旦那の行く寄席に行ってみたいが、とてもそんな金はない。せめて寄席の気分を味わって自分も遊んでみたい、と寄席通いをする旦那衆を羨望の目で見ていた丁稚や手代など商家の使用人たちが天満天神裏の第二文芸館に詰めかけたのである。

そして妻のせいは第二文芸館維持のために、なりふり構わぬ努力をした。『吉本興業株式会社沿革』にいわく、

「夫を助け石にかじりついても成功させるというせいの意気込みは、出発点に於て既に後日への備えが出来ていた。即ち、木戸銭五銭という値段は米価一升三十二銭という当時でも安い値段で一応これで客を引く画策であった。

且亦、当時の畳の上に座る寄席にあっては、座布団の敷き方一つが収容量に多分に影響するので、これには自ら陣頭指揮を行い、その上、客の食い散らした蜜柑の皮を集め、陳皮の材料として薬種屋に払い下げ、経費の一助とした」

陳皮とはみかんの皮を乾燥させたもので、漢方では風邪薬として使われる。このほ

か第二文芸館では寄席の中での客の飲食で稼ごうと、松屋町の菓子問屋で飴玉、おかき、金米糖、ラムネ、冷し飴を仕入れて売り、金を蓄えていった。

大阪大正散歩

ふたりの第二文芸館に入ってみよう。第二文芸館の当時の演目は以下の通りである。「落語に加えて、物真似、女講談、音曲、剣舞、曲芸、琵琶、怪力、新内、軽口、義太夫、女道楽などの色物を主とした内容であった」（『吉本興業株式会社沿革』）

それにしてもさまざまな色物が当時はあったようである。物真似、女講談、音曲、新内、剣舞、義太夫、曲芸などはおなじみであるが、そのほか幻燈、琵琶、唱歌、猿狂言、怪力、女道楽などあり、また「電気踊り」など今日では意味不明の芸も繰り広げられていたのである。

「落語に加えて」とはいうものの、第二文芸館に出演していたのは花団治、小南光など三流、四流の落語家であった。当時の一流の寄席はあくまで落語中心であり、落語の合間に色物が挿入されるという形態で、第二文芸館はそれにくらべていかにも色物が多すぎ、その悪戦苦闘ぶりがしのばれる。

だが、蓄えた金でふたりは三年目には松島の「芦辺館」、福島の「龍虎館」、梅田の「松井座」、天六の「都座」と次々に小屋を入手し、寄席のチェーン化に乗り出していった。そして、そこから得た利益で一流の落語家を獲得し、ふたりは上昇気流に乗ったのだ。

天満天神裏の第二文芸館を出て、当時（一九一〇年代）の大阪の町を歩いてみようか。ふたりが第二文芸館をリニューアル・オープンした年（一九一二年）は日本がオリンピックに初参加した年であり、大阪では新世界にルナパークがオープンし、通天閣が営業を開始した年である。ルナパークはヨーロッパ・スタイルの遊園地、通天閣（現在の通天閣とは違いパリのエッフェル塔を模したものだった）は新しい時代のシンボルとして華麗な姿で登場し、大阪は近代都市への入口に立っていた。

天満天神から北西へ歩いて二十分。梅田に出れば、そこには新しい民営の駅ができ、大勢の人で賑わっている。官営の大阪駅の隣りでは阪神電鉄が梅田―神戸間の営業を開始。また箕面有馬電気軌道（のちの阪急電車）も梅田―宝塚間、梅田―箕面間の営業を始めたばかりである。また、天満天神から南へ下れば、天満橋では京阪電車が天満橋―三条間に電車を走らせ、難波では南海鉄道が難波―和歌山間の営業を早くから始めている。

この私鉄の発達が大阪の様相を一変させ、近代都市へと変貌させていったのである。電車は大阪市と周辺都市、農村とを短時間で結んだ。また鉄道の電化にともなって、各私鉄は沿線の町や村に電力を供給した。そして乗客誘致のためのイベントや娯楽施設の建設、住宅地の開発は衛星都市の開発につながっていった。

箕面有馬電気軌道、梅田駅の夕刻。ホームに並んで電車を待っているのは会社帰りのサラリーマンたちである。

大阪は綿業で栄え、「東洋のマンチェスター」と呼ばれて、日露戦争後、かつての「水の都」から「煙の都」に変わり始めていた。その大阪市の人々に向かって、

「美しき水の都は昔の夢と消えて、空暗き煙の都に住む我が大阪市民諸君よ！」

と呼びかけて、営業開始とともに沿線の土地の分譲、住宅の月賦販売を始めて注目を集めたのは箕面有馬電気軌道の弱冠三十四歳の専務・小林一三であった。小林のビジョンは斬新で、彼はのちに阪急グループ、東宝グループの総帥として君臨する。

小林は続ける。

「出生率十人に対し死亡率十一人強に当たる大阪市民の衛生状態に注意する諸君は、慄然として都市生活の心細さを感じたまふべし。同時に田園趣味に富める楽しき郊外生活を懐うの念や切なるべし。郊外生活に伴ふ最初の条件は交通機関の便利なるに在りとす。今や、大阪市内電車の縦横に開通せんとするに際し、阪神、南海の既成線ならびに京阪、有馬箕面の各電車は東西南北より市の内外を結びつけ、各々その沿道における特色を発揮し、諸君の希望を満足せしめんとするもののごとし。この時において箕面有馬電車たるものは風光明媚なるその沿道住宅地を説明し、如何なる土地を選ぶべきか、の問題を諸君に提供すべき義務あると信ぜんとす」

そして小林は「巨万の財宝を投じ山を築き水を導き、大廈高楼を誇らんとする富豪の別荘なるものはしばらくおき」、勃興する中産階級に向かって、「郊外に居住し日々市内に出でて終日の勤務に脳漿をしぼり、疲労したる身体をその家庭に慰安せんとせらるる諸君は、朝に後庭の鶏鳴にめざめ、夕に前栽の虫声を楽しみ、新しき手作りの野菜を賞味し、もって田園趣味ある生活」を欲望することを呼びかけて、池田、箕面、桜井、豊中と十か所以上に同じような構想の住宅地を開発して売り出し、成功を収めた。

小林はさらに、乗客を増やし乗車距離を延ばすために、終点の箕面・宝塚に動物園、遊園地、劇場を作り、またスポーツイベントを催した。

箕面の動物園は「日本一の動物園」をキャッチフレーズに、ドイツの自然動物園をモデルに今日のサファリ・パークと同じものを作ったが、自然条件が合わず失敗。ただちに「俗化せざる渓谷森林の自然美と、高尚にして風雅なる天然公園」へと路線変更した。

しかし、宝塚新温泉は大阪から一時間で行ける温泉として大衆に喜ばれ、やがてここから宝塚少女歌劇が始まり、新しい時代の娯楽として絶大な人気を博した。また、高まるスポーツ熱を背景に大正四年（一九一五年）には現在の「全国高等学校野球大会」の前身である「全国中等学校野球大会」を箕面電車の豊中グラウンドで開催し、結果は大成功であった。だが、市内の「興行」という点においては、大正に入ってもまだ江戸、明治を引きずっていたようである。市内を歩いて、新しいものとして目につくのは活動写真の小屋だけで、あとは前時代とさほど変わらない。

大正九年（一九二〇年）の「大阪市内における諸興行調査」によると、落語、浪花節、活動写真の興行場がそれぞれ三十一か所、演劇の興行場が十八か所。以下、諸芸大会八か所、萬歳を行なっていた観物場四か所、浄瑠璃三か所、舞踊三か所。剣舞、講談、人形芝居、それぞれ一か所。

そして、吉本夫婦の寄席もまだ昔ながらの落語、色物を出し物としていた。

落語の寄席の「三十一か所」という数字を「寄席の大盛況」と読む演芸評論家・研究家もいる。しかし、当時はまだマス・メディアの本命ラジオ・テレビはなく、ようやくレコードが出始めたばかりの頃であり、やがて来る吉本の黄金時代の大阪における直営館の数「二十七館」はそれに匹敵する数字であり、いちがいに「大盛況」とは言えないのである。ただ、マス・メディアによって現場を失ってしまったところに私たちの時代の不幸があるとは言える。

そして寄席の本当の大盛況はやがて「漫才」という新しい芸とともにやって来るのである。それは大阪松島、神戸新開地の「観物場」で兆していたのだ。

十九歳の総監督

松島の芦辺館、福島の龍虎館、梅田の松井座、天六の都座を手に入れた吉本夫婦はそのマネージメント本部として大正六年（一九一七年）「吉本興行部」を名乗り、翌年ミナミの笠屋町に事務所を設けた。小屋を増やす一方、よその小屋とはくらべものにならないほどの破格のギャラで落語家を引き抜いて、着々と出し物を充実させていった。

そして、同年、吉本せいは人員補強をするために、身内から一人呼んだのである。

それが林正之助である。

肩書きは吉本興行部「総監督」。

林の家は五男七女。せいはその三女である。兄弟は上から信之助、長女・不名、きく、せい、千代乃助、ふみ、はな、正之助、ヨネ、冨子、勝（弘高）、八太郎（治雄）。

正之助の父、林豊次郎は明石で呉服屋を営んでいたが、せいが生まれたあと大阪に出て天神橋筋で米屋を開いた。

正之助は姉から話があった時は、明石の親類の呉服屋で丁稚として働いていた。十九歳であった。

その頃の正之助はどんなだっただろうか。

戦前の吉本を題材にした三田純市のノンフィクション『笑わしまっせ』には会長の

ことがこう描かれている。

「腹掛に股引、背中に花菱の紋を染めぬいた法被に麻裏草履を履いた正之助は、大柄な上に、せいに似た目鼻立ちの、二十歳を過ぎたばかりだから、見るからに威勢がいい。

これが自転車で寄席にやって来ては、

『今日の入りは』

その日の入場人員を尋ねる。

『八十です』とか『一束と二十』とか、それぞれの寄席の主任が答える。一束というのは芝居や寄席の符牒で百人のことを言うのだが、束を超える日はめったにない。

『そうか』

報告を受けた正之助は、客席に入ってざっと見渡し、

……なるほど、そんなもんやな。

主任が客の頭数を誤魔化していないことを見届けると、また自転車を駆って、次の寄席へと廻っていく。

この正之助が、せいの手助けをはじめるようになったのは大正五年、せいが金沢亭

を手に入れる二年前の秋、正之助十九歳の時だった」
もちろん三田純市さんとてその現場を見たわけではない。
正之助会長は後年、吉本興行部に入った頃について作家の香川登枝緒さんとの対談でこう語っている。

香川「でも当時、二十歳くらいの私が見てね、会長はこわかったですよ。私は社員でもなんでもないんですけど、その頃、黒い皮のジャンパーきはって、いつもズボンに手つっこんで肩いからせて歩いてはった。キタの新地の花月倶楽部の支配人に『あれが御寮人さんの弟や。こわいからそばによったらあかんで』なんていわれてね。その影響で今でもこわいですけど。けど真相は意識して作られた部分もあったんですね。その御寮人さんはやさしいけども弟さんはこわいという。もともと会長は子供の頃から寄席興行は好きやったんですか？」

林「私、小学校出てから親戚が明石でやってた呉服屋で丁稚奉公してたんです。おもろなかったですなあ。吉本はああいう寄席やってる。ここは行かなしゃない思て、貯めた百二十円ほど持ってこの世界にとびこんだわけですわ」（「マンスリーよしもと」）

やがて第二文芸館から六年。吉本夫婦は四件の寄席から揚げた収益のすべてを注ぎ込んで、ついに大阪の代表的寄席といわれた法善寺の「蓬莱館（旧金沢亭）」を買収し、すぐ隣の「紅梅亭」と張り合うほどの勢力を持つに至る。

この時、せいは蓬莱館を「南地花月」と改称した。また同時に、第二文芸館を「天満花月」に、松島の芦辺館を「松島花月」に改めた。

この「花月」の名称については、当時の落語家、桂太郎の命名であるといわれている。桂太郎は易学に凝っており、金沢亭の改名に当たってせいは彼に相談し、「花月」と決めた。

「欠くるとも月と輝き栄えては桜の花と咲く希望にあふれた改称であった」とは『吉本興業株式会社沿革』の自画自賛である。

しかし、ここでめでたしめでたしとなれば、吉本興行部は大阪のひとつの大手興行主で終わり、さほど世間を騒がすこともなく、一篇の根性物語で終わり、また、私の吉本興業入社もなかったのである。

吉本興行部をさらに飛躍させたのは、近代都市へと疾走する大阪の加速度と、そして十九歳の総監督林正之助の尋常でない大活躍、そして後に述べる吉本姉弟の絶妙のコンビネーションにあったと言える。

自転車に乗って五軒の小屋を回ってその日の総入場料収入を毎日、笠屋町の事務所に運んでいただけにすぎなかった十九歳の「総監督」だが、「総監督」就任から四年目、正之助は山陰に出張し、吉本の人気出し物のブッキングに成功して、いよいよ興行師としての本領を発揮しはじめる。

それは当時、色物として人気を集めていた安来節である。安来節はいまでこそ中年のおっさんの宴会芸でしかないが、当時はまるで違っていたようである。まず当時はテレビ・ラジオのメディアの流通がなく、日本各地の芸能がほかの地に転移しなかったことを理解しなくてはならない。

出雲地方の安来節もその例外ではなかった。安来節は大正十年、東京、大阪、北九州で熱狂的に流行した（そのきっかけとしては、一説によると画家の横山大観が安来節を贔屓にし、東京に紹介したことから広まったと言われているが、それはともかくとして）が安来節の魅力はその派手さ、華やかさと、お客とのやり取りの当意即妙さ、そして踊り手のお姉さんの色気にあったようだ。いまでは信じられないことだが、女性の太腿はおろか、ふくらはぎ、足首を見るだけで男は興奮し、劣情をかきたてられた、とは私の祖父の偽らざる回顧談である。

正之助は吉本を代表して、現ナマをたっぷり鞄に持って、安来節の本場、出雲地方に出張し、現地で安来節の一座を仕立てて大阪に送りだした。どうやらこれが会長の興行師としての初仕事のようである

関東大震災、帝都壊滅、大阪へ連れて行ってくれ

正之助二十四歳の晩夏。すなわち大正十二年（一九二三年）の九月一日。午前十一時五十八分四十四秒、関東地方を大地震が襲った。

マグニチュードは七・九。大阪でもかすかな地鳴りとともに足下が揺れたという。そして、その日の夕方、けたたましいベルの音とともに号外が配られ、大阪の人々は事態の重大さを知り、日が経つにつれ、その被害の様子が明らかになっていった。死者九万九三三一人、行方不明四万三四七六人、家屋全壊一二万八二六六戸、半壊一二万六二三三戸、焼失四四万七一二八戸。

この関東大震災は大阪に大きな変化をもたらした。東京の企業が大阪に移転したり、

また谷崎潤一郎などの作家をはじめ、文化人、ミュージシャン、そして芸人たちを大阪に向かわせた。当時草創期にあった日本のジャズ、ポップス、洋楽系ダンスミュージックも大阪に移転し、道頓堀界隈はジャズで賑わい、大阪のモダンな容貌を作っていったのである。

「えらいこっちゃがな、東京は」

手にした新聞を脇に置いて、せいは顔を曇らせた。

「ほんまでんな、あねさん。東京の寄席は全滅したちゅう噂ですわ」

出前のきつねうどん餅入りをすすりながら、正之助は額の汗をぬぐった。

「東京の芸人さんは大変やろなあ」

とせいはまた新聞を手にした。そして、弟の顔をのぞき込んだ。

「なあ、正之助。あんた、いっぺん東京へ行ってみてくれへんか」

「東京へ？」

正之助が一瞬言葉に詰まったのは、熱い餅に舌を焼いてか、姉の身勝手な言葉ゆえか。しかし、正之助とて誰か東京に行かなくてはならないことはわかっていたし、そうなるとそれは「総監督」の自分が行くのが一番であろう、と自分でも思った。

かどうかは知らないが、正之助は大震災の翌月、部下を連れて東京に向かった。東京の芸人たちを見舞うことは、単なる「震災見舞い」ではなく、これまで吉本とあまり縁のなかった東京の有名な師匠たちと関係を結ぶことができると吉本興行部が考えたのである。

正之助は支配人クラスの二人をお供に連れて、神戸から船で東京に向かった。震災で鉄道はとだえていた。見舞いの品は大阪南部特産の毛布二百枚。

東京はひどい雨風で、また汽車は故障で動かなかったが、一行はなんとか田端にある大御所、柳家小さん宅を訪問。名人小さんは一行の訪問を喜び、「自分を大阪に連れて行ってくれ」と頼んだという。こうして、吉本の名を東京に知らしめ、小さん、円歌、神田伯山など東京の名人たちが吉本興行部のラインナップに参加し、正之助は興行師としてさらに自信を深めた。

少し時代は下るが、柳家金語楼も正之助が東京との往来の中で見つけたスターであった。

後年、会長の語るところによると、柳家金語楼を口説いた武器は「女」だった。

吉本では小文治、文楽、柳橋などの噺家がその頃よく大阪に来ていたが、彼らは高座に出て座布団の上に座って話をする正統派の噺家であった。ところが柳家金語楼は動き回って話をする型破りな噺家だった。

その柳家金語楼を浅草で見た正之助は早速、遊びに誘った。

すると柳家金語楼は女たちに「伎芸師」の鑑札（当時は歌手や噺家など芸人は鑑札が必要だった）を見せて、頭ははげていても、まだ二十九歳であるとしきりに強調した。正之助はそれを見てひとり眩いた。「こいつは若いのに年を取っているように見られるし、女は出来ないと観念しているに違いない。こいつを大阪に呼ぶには金やない、女を世話するのが一番ええ」

こうして柳家金語楼は大阪にやって来て、北新地の花月倶楽部と京都の富貴に出演したが、京都でのある夜――。

柳家金語楼の独演会は大入満員になり、正之助は金語楼にこう言った。

「師匠、大入り満員やし、今晩どこか行こか。ええ女、世話するで」

すると金語楼は答えた。

「それが、いい女がいるんだよ」

「ええ女？　どこに？」

聞くと、柳家金語楼は二階のほうを指さした。

「二階の真正面に座っている、洋装の女の子がいいねえ」

二階に上がって見ると、その女の隣に桂小文治の弟が座っていた。正之助は小声で訊ねた。

「なあ、おまえの隣に座っている女、あれ何者や」

そしてきょとんとする桂小文治の弟に向かって、相手が何者かも構わずストレートに聞いた。

「どないや、今晩いけるか？」

桂小文治の弟はうなずいた。

「よろしおます。商売女ですわ」

ところが楽屋に戻った正之助は、心配顔の金語楼に真顔でこう言った。

「師匠、いま話してきましたが、あの女はある博士の令嬢やそうです。今晩食事して、ダンスくらいは踊ってもらえるかもしれませんが、しかし、思いはそう簡単に果たされしまへんで」

すると金語楼はますます興味をそそられた様子だ。正之助は続けた。

「しかし、ここは辛抱だす。一回か二回、二回か三回、辛抱すれば、必ずこれを成功させまっせ」

そしてその晩、二人は令嬢を連れて下河原の料理屋に出かけて、金語楼はダンスを踊った。

「どないや、令嬢は？」

正之助が聞くと、柳家金語楼は、

「そうですな、品がよろしいなあ……」

と答えたという。

「その女、なにも品がええことなかったで。柳家金語楼は変わった奴やった」

とは会長の回顧談である。

やがて関東大震災の翌年、吉本吉兵衛が死去し、正之助が二十四歳の若さで吉本興行部の実質的な指揮をとるようになる。

皮ジャンにニッカーボッカー、ハンチングの魔王誕生

昭和初めに吉本に入社した古参社員たちは口を揃えて言う。

「会長が小屋にやって来ると、わしらは震え上がったもんや」、「会長ほど怖い人はこの世にはいてまへん」、「ぼくらは会長と直接に口をきいたことはなかった」

皮ジャンにニッカーボッカー、ハンチングというスタイルで、手に持ったステッキを振り回して、いつも大声で怒鳴り散らしていたという。そして社員はみな緊張し、会長がやって来るのを恐れていた。

それにしてもなんとギャングっぽいスタイルだろう。誰が見ても典型的な悪徳ブローカーか悪徳興行師である。

だが、待てよ。皮ジャンにニッカーボッカー、ハンチングという、いわば悪徳ブローカー、悪徳興行師のファッション・イメージの定番はいつの時代、誰をモデルに作られたのだろうか。

吉本の歴史をたどるうちに、会長こそそのモデルとなった人物ではないだろうかという思いに私は強くとらわれるのである。一方で金と女で芸人を集め、一方で小屋の

総入場収入をかき集めた林正之助はまさしく興行の渦の中心に位置していた。そして興行という生々しい世界で生き抜いていくことは並大抵ではない。金という実力も必要なら、人を動かす虚勢も必要なのである。大正から昭和にかけてのこの時代、興行の新興勢力として急成長した吉本の、「新興勢力」としての虚勢が会長のひときわヤクザなファッションだったのではなかったか。そして、この時代に会長は自ら進んで「悪役」として自分を位置づけたのではないかという気が私にはしてならない。

会長がたびたび上海に渡っていたと古参社員は証言しているが、この当時の上海は世界でも有数のヤクザな街だった。会長がそこで何をしていたかを知るものはもう誰もいないが、会長は上海から帰ってくるたびにオシャレになり、ヤクザな凄みを増していったという。

会長以前にこんなタイプの興行師は存在しない。ゆえに私は会長こそ悪徳興行師のイメージを世間に定着させた人物であると確信する。

当時、社員たちは会長を「ライオン」、あるいは「重爆（重爆撃機）」とひそかにあだ名で呼んで、その怒鳴り声とその襲来を恐れていたが、正之助をそこまでにのしあげたのは、東京との強力なパイプを作った後の、千日前での「万才」興行の大成功だった。

よく知られているように「万才」は明治中期までは「萬歳」と表記されていた、萬歳は日本各地に存在し、そのうち福井県の越前萬歳、奈良県の大和萬歳、愛知県の三河萬歳が三大萬歳と言われている。

萬歳はいまでも正月の門付けとして時々テレビでも紹介されるように、古代から近世にかけて広く日本中を巡っていたストリート・パフォーマンスのひとつであった。その萬歳が舞台に登場し、「万才」と表記されるようになったのは明治中期である。

なお、演芸研究家の小島貞二さんの研究によると、この頃のめでたいときに叫ぶ「萬歳（バンザイ）」が明治憲法発布とともに始まったようである。イギリスの「フレー」や「ロング・リヴ・ザ・キング」、フランスの「ヴィヴ・ラ・レパブリック」に匹敵する祝意を表わす叫びとして、文部大臣森有礼は最初、「奉賀」というフレーズを考えたが、「奉賀」では連呼すると「アホーガ、アホーガ」に聞こえるというので却下され、かわって法政大学教授・和田謙三の「萬歳」が採用された。

しかし、「萬歳」にしても「バンザイ」と叫ぶか「マンザイ」と叫ぶかで意見が分かれ、学生たちに両方試させて、結局「バンザイ」に決まったという。

そしてそのため、芸人たちの「萬歳」の表記は「万才」に変わった。というのは私の勝手な想像である。

明治の中期、万才は玉子家円辰によって初めて小屋に上った。玉子家円辰は河内の生まれで本名は西本為吉。商売は玉子売りで、江州音頭を歌いながら玉子を売って人気者になっていた。そのうち小屋の主人から声をかけられ、プロとして舞台に立ち、江州音頭、そしてそれを自分流にアレンジした河内音頭を歌った、河内家菊水丸のルーツのような人物である。

しかし、江州音頭、河内音頭を歌う同じような芸人が次々と現われたため、玉子家円辰は人から面白いと聞いた三河萬歳を本場で覚えて大阪の舞台に戻って上演。これが「万才」の最初といわれている。

玉子家円辰の万才はまた次々と波及し、大阪、京都、神戸にも万才は広まったが、なかでも神戸・新開地は万才のメッカとなった。

なぜ神戸・新開地が万才のメッカとなったのかは定かではないが、新開地は湊川を埋め立てて出来た新しい土地で、見せ物、歌舞伎、活動写真、喜劇の小屋が並ぶ神戸の新しい娯楽の中心であった。

神戸に居留する外国人たちはここを香港の「新界」同様、「ニュー・テリトリーズ」と呼んでいたが、ここが万才のメッカとなったのはかなり自由が許されていたアナーキーなアミューズメント・ゾーンであったからであろうと、これまた私の勝手な想像である。

しかし、それが証拠に、明治三十五年前後、所轄の相生警察署長は突然、新開地での万才上演禁止を命じたのである。「万才なるもの、公の秩序を乱し、善良の風俗を害す」がその理由である。

新開地の万才は相当にきわどく、そのため上演禁止をくらって十年。芸人も客も上演の解禁を待ちわびる状況の中で、警察当局の立ち会いのもと小屋主の推薦で舞台に立ち、万才上演の許可を得たのが砂川捨丸である。捨丸は少年時代から江州音頭で舞台に立ち当時二十代、硬骨の浪曲師・桃中軒雲右衛門の影響を受けて万才の品格を上げようと努めていて、舞台には羽織袴で立ち、見事に万才解禁を勝ち取ったのである。時に明治四十五年、すなわち吉本夫婦が天満天神裏の第二文芸館を買収したその年である。

神戸・新開地の万才は大正年間に再び盛んになり、その匂いをかぎつけた正之助は神戸に乗り込み万才芸人をスカウトして歩き、花月に出演させたのである。そしてこの中の何組かのうちのひとりにあの花菱アチャコがいた。

第三章

笑うモダンシティ

漫才はモダンシティに生まれた

一粒三〇〇メートルの巨大なグリコのネオン。「かに道楽」の動く赤い蟹の大看板。リドリー・スコット監督の映画「ブラックレイン」の舞台にもなった、奇怪な行燈のようなキリンプラザ・ビル。見ようによってはコワイともいえる「くいだおれ」の人形……。

大阪の道頓堀界隈を代表するものとしては、こんなものが挙げられるだろうか。これらは大阪の「どぎつさ」「けばけばしさ」「猥雑さ」を象徴しているが、高松伸設計による超近代的なキリンプラザは別格として、道頓堀界隈を支配しているのは、時代からかなり遅れたアウト・オブ・ファッションな雰囲気である。

そして、大阪人はそれをあるがままに愛し、誰もそこに時代の新しさを求めてはいない。

食べ物で言えば、イタリア料理よりきつねうどん、肉うどん。ティラミスより三笠饅頭。パエーリアよりかやくごはん。カシスのジェラートより宇治金時のノリである。

また人に例えるなら、新しいことは皆目知らないが、その人柄はとても愛せるタコヤキ屋のおっさんといったところか。

だが、そのタコヤキ屋のおっさんには驚くような過去があったのである。

吉本が安来節をヒット商品にし始めた年、すなわち大正十年（一九二一年）。神戸六甲では五人の若者が集まって、舶来の音楽を試みていた。

リーダーは宝塚歌劇団のオーケストラをクビになった井田一郎。彼は舶来の音楽のうちでもとりわけジャズに心を奪われていた。一九一〇年代、世界の文化は第一次世界大戦の勝利を決定づけたアメリカを中心に動き始めていた。ジャズはそんな新興国アメリカの息吹にぴったりとマッチしていた。

また、この時期、世界的な交通の発達で世界の国はつながり、世界規模の「流行」が生まれつつあって、ジャズはそれまでのヨーロッパ的な音楽に代わってダンス・ミュージックの王座を奪いつつあり、やがて一九二〇年代、ジャズは音楽という領域を越えて、あらゆる文化に大きな影響を与えるに至るのである。

井田一郎は宝塚歌劇団でジャズの研究演奏を始め、それでクビになったと伝えられているが、これは日本では当時まだヨーロッパ的音楽が主流であったことを伝えている。

彼が神戸六甲で結成したバンドの名前は「ラフィング・スターズ」。日本で初のジャズバンドといわれている。しかし、まだジャズでは食えず、バンドは五か月で解散。だが、世界的なジャズの流行は日本にも及び、関東大震災後、大阪のしかも道頓堀界隈にダンスホールが集中的に誕生した。

難波新地の「コテージ」が評判を呼ぶと、戎橋《えびすばし》北詰の「パウリスタ」、千日前の「ユニオン」、「パリジャン」、道頓堀の「赤玉」など大小二十のダンスホールが、ジャズには失礼だが、まるでかつてのノーパン喫茶のように、瞬く間に誕生したのである。

なぜ東京でなく大阪・道頓堀だったのか。それはひとつにはこの時期、関東大震災によって東京は壊滅状態であったからであるが、もうひとつはひとつ当たると次々に追随者が生まれる大阪という土壌もある。しかも、それで質的に低下しなかったのは関東大震災によって東京からジャズを志すものたちが続々と大阪にやって来て人材に事欠かなかったからであろう。

もっともジャズといっても、マイルス・デイヴィスや渡辺貞夫、山下洋輔のような現代のジャズではなく、当時はダンス・ミュージック、エスノ・ミュージック、ポップスであったといっても言い過ぎではないだろう。

宝塚では早すぎた井田一郎も道頓堀ではボスとして君臨し、道頓堀から服部良一をはじめとする多くのミュージシャン、クリエイターたちが震災から復興なった東京に進出し、やがて日本のモダンエイジをゴージャスなサウンドで彩っていく。

井田のかつてのバンド仲間塩尻精八が作曲したジャズ風の「青い灯 赤い灯 道頓堀の 水面に映る 恋の灯に」の歌詞でおなじみの『道頓堀行進曲』が時のスター岡田嘉子によって、オープン間もない白亜の西洋建築劇場、松竹座で歌われて大ヒットし、道頓堀界隈にはジャズがあふれた。

こうした時代の気分は寄席にも反映したに違いない。『吉本興業株式会社沿革』の中の記述。「大正十五年頃になると、さしもの落語も食傷気味というか、新鮮味も薄らぎ、上方落語のメッカといわれた法善寺紅梅亭に於ても、落語一本では大衆を満足させる点で何か欠ける様になってきた」。ジャズのあふれる町で、さすがに落語は前時代的に感じられたに違いない。

そこで吉本では「上方落語の保存と愛好者獲得に意を用い、それには落語と落語の間に色物を入れ、お客の気分転換を図るのが最良の方法であるとし、ようやく抬頭しつつあった万才を重要視」した。

昭和五年（一九三〇年）、正之助は千日前の南陽館で十銭万才を始めた。これは、正之助が収容数の少ない小さな小屋でこの低料金ではとても引き合わないというまわりの多数意見を押しきって敢行したものであるが、結果は成功に終わり、吉本に万才の専属希望者が殺到した。

そしてこの年、万才に革命を起こしたコンビが結成された。エンタツ・アチャコである。

花菱アチャコは本名藤木徳郎。明治三十年、福井県勝山の生まれで、生家は仏壇屋。十六歳の時に俳優を志して旅回りの劇団に入り、ここで張り扇万才を覚えて、何度もコンビを組んでは別れ、吉本にスカウトされた時は千歳家今男と今男・アチャコのコンビを組んでいたが、千歳家今男がほかに引き抜かれ、困っていた。

横山エンタツは本名石田正見。明治二十九年、尼崎（姫路という説もある）の生まれで、父は軍医。芸人のほとんどが尋常小学校卒業という時代にあって、エンタツは中退はするが中学に進み、二十歳の時、やはり俳優を志して旅回りの劇団に入り、万才を覚えた。そして同じ様に何度もコンビを組んでは別れ、やがて一座を組んでハワイ、カリフォルニアへ巡業に出かけた公演は評判が良かったようだが、興行的には失敗し、途方に暮れていた。

このふたりを結びつけたのは正之助だった。ふたりの万才は場末の小屋にかけられた。ふたりはともに洋服で舞台に立ち、「歌」も歌わず、「踊り」も踊らなかった。

この型破りな万才に、最初は客から不評の声が上がったが、しばらく続けるうちに若い客が彼らの万才を面白いと言い出して、ふたりは半年後には吉本で一番格式の高い「南地花月」の舞台に立つ。

春団治ラジオ事件

三月のNHK東京放送局(AK)の放送開始に遅れること三か月。大阪(BK)でラジオの放送が開始されたのは大正十四年(一九二五年)六月のことであった。

会長の葬儀の日、私はある人物に久しぶりに出会った。彼は会長を「正之助」と呼び、まわりを圧する威光を放ち、ベテラン社員たちはまるで会長に接する時のように超丁寧な態度で接していた。

東京弁のその毒舌の主は八十歳位の老人で、彼こそ吉本の頭脳であった橋本鐵彦である。戦後、一九七三年から四年間吉本興業の社長を務めた人である。彼は会長を「独裁者」と呼び、歯に衣を着せない。

吉本興業はかねてから東京の娯楽のメッカ浅草に進出を図っていたが、江戸っ子の上方への強い反発から難航。しかし、地元の顔役大久保源之丞が「これからの時代は江戸も上方もねえ」と度量の広いところを見せて、吉本は昭和五年（一九三〇年）の「万成座」に続いて浅草六区の大震災で崩壊した「十二階」跡にできた昭和座に昭和六年（一九三一）二月、進出することができた。

吉本ではオープニングに松竹から「新声劇」を借りて小屋に掛けたが、その幕開けの芝居を書き、舞台監督を務めていたのが大学を出た演劇青年、橋本鐵彦だった。

初日の前日、橋本が楽屋に行くと、「土足厳禁」と書かれているにもかかわらず、畳の楽屋に椅子を置いて、オーバーの襟を立て、ハンチングをかぶり、ステッキを立てて、不遜な面構えであたりをにらみつけている男がいた。当時三十三歳の正之助である。

橋本は「土足厳禁」を注意し、男はむっとしたが、その場はそれで終わり、二日後、正之助の弟林弘高から電話があって、御茶屋に招かれた。弘高は正之助より八歳年下で、中央大学専門部商科を修了し、社会党の新聞の編集に携わって、吉本が合名会社となったのを機会に、姉に口説かれ、兄の了解を得て東京支社長になったばかりであった。

弘高は橋本に吉本にぜひ来てほしいと言い、橋本は半ば強引に大阪に呼ばれて、以後、大阪弁は大嫌いだと言いながら、吉本の頭脳として活躍し、吉本を寄席だけに終わらせず、映画、レコード、ラジオ、雑誌とあらゆるメディアに拡大していくのである。

新しく始まったラジオはニュース、音楽、スポーツ中継と、内容を充実させていき、どうしても笑いのジャンルが欲しかった。大阪で「お笑い」「寄席」となると、なんとしても吉本の協力が必要だったが、正之助は頑としてこれを受けつけなかった。ことラジオ、映画について、これほど用心深い男はいなかった、と橋本は言う。

「寄席をラジオに乗せてただで聞かせたら、客が寄席に来んようになる」

この時のラジオ拒否の理由は一般的にはこう伝えられているが、本当はそれだけではなかったのである。

「寄席をラジオでやると、寄席に来る客の味がなくなる」

これもうひとつの理由だった。

寄席はあくまでも芸人と客とのコミュニケーションの上に成り立つ「密室」であり、素人の客がいきなり押しかけると、寄席の空気が損なわれ、寄席の魅力が失われる。

この問題は今でも私の心を悩ませる。メディア上のパフォーマンスと密室のパフォーマンスは明らかに質を異にし、両者の使い分けに細心の注意を払わなければならないのである。

吉本ではとりあえず所属の芸人たちのラジオ出演を禁止した。

「ラジオに出るな」「そういう時代になれば、それはその時に考えよう」、これがせいと正之助の方針であり、ＢＫともそう確認しあっていた。

ところが、これを破った男が現われたのだった。「八方破れ」「後家殺し」の異名をとり、いまもその奇行が語り継がれている桂春団治である。税務署が差押えに来ると、「この春団治は口が財産だす」と口に差押えの紙を貼った男。自分の落語を録音した煎餅をレコードにした男である。

当時「春団治の放送騒ぎ」として有名になったこの事件は、昭和五年（一九三〇年）の冬に起こった。桂春団治が吉本に無断でＢＫに出演、「祝い酒」の一席をラジオでうかがったのである。

烈火のごとく怒った正之助が急いで春団治の家に乗り込み、怒りをぶちまけると、春団治はふざけて口に封をし、正之助は怒りをそがれてしまった。

春団治はすべてにとらわれない、そして自分を売ることにおいてはあらゆることをやる男だった、と橋本は言う。

朱塗りの人力車を自家用で作ってみたり（もっとも正之助は特注のヘッドライトつきの人力車に乗っていた）、自分の葬式を行なって友人一同に焼香をさせたりと、いつも話題を作って、自分をアピールし、また、芸の上でも新作落語を他の落語家が嫌がると知っていながらこれを高座にかけたりした。

見方によると自己顕示欲の強い、嫌味な落語家にも見える春団治であるが、そうとられなかったのは明るさと自由さゆえであろう。

すでにこの頃、落語は万才に押され、劣勢に立たされていたが、高座でトリを務められるのは落語では春団治ただひとりであったというのも、その明るさゆえである。

高座の終わりは華やかに、というのが今も昔も変わらない吉本の演出だが、終わりに落語はいかにも地味で、当時は歌、踊りで締めくくっていたのであるが、春団治ならトリでも大丈夫といわれるほど明るかった。

もっとも、これで困ったのは下足番たちで、普通はトリになると客は三々五々、席を立ち、下足番たちもそれに応じて履物を出せばよかったが、春団治がトリになると誰も最後まで席を立たず、春団治がそでに下がると同時にいっせいに席を立つため、てんてこ舞いをしなければならなかった。

しかし、そこは春団治である。下足番たちの事情を知るようになると、いったん下がった高座に再び現われて、「そこの旦那はん、そのきれいなお連れさんはどなたで？」などと客席に声をかけて足を止めさせ、客をぼちぼちと帰らせた。

春団治ラジオ出演事件以後、正之助は少しずつ態度を軟化させ、最後までラジオに反対していたせいを説得した。

エンタツ・アチャコの大ヒット作「早慶戦」

昭和七年の冬、橋本鐵彦青年は東京世田谷の経堂から大阪に引っ越してきた。正之助の仏頂面とは裏腹に、吉本では丁重に駅での見送り、出迎えをしてくれ、さらに大阪の家には真新しい立派なラジオまで用意してくれていた。

大阪に来て、何よりもまずしなくてはいけないのは寄席回りである、と橋本は考え、年明けとともに早速吉本の小屋を回った。

何軒か回るうちに、橋本はエンタツ・アチャコの若いコンビに出会い、大きな衝撃を受けた。それまで万才は張り扇を使うものと思っていたが、エンタツ・アチャコはまったく違っていた。歌もなければ踊りもなく、張り扇も使わない。話術一本槍である。また、舞台で背広を着るのは芸人として礼儀を欠くと言われているのに、二人は背広姿のままで、しかもエンタツはハロルド・ロイドのような丸い眼鏡をかけ、チャップリンのようなヒゲをつけていた。しかし、聞いていて橋本も大笑いし、二人の斬新なスタイルが気に入った。

エンタツ・アチャコの大ヒット作、傑作中の傑作と言われる「早慶戦」はこの年の秋に生まれた。

アチャコ「しかし、神宮球場といえば六大学リーグ戦、これはまた中等学校と違って一段とおもしろいね」

エンタツ「たまらんね」
アチャコ「僕はこの前、ちょうど東京にいて早慶戦を見てきました」
エンタツ「早慶戦、なんと言っても絶対のもんですな」
アチャコ「まったく、文字通り天下の早慶戦です」
エンタツ「しかし、あれ、相手はどこでしたかいな？」
アチャコ「えっ、相手？　いえ早慶戦の話をしてるんですがな」
エンタツ「早慶戦は分かってますけど、その相手ですがな。つまりね、早慶対どこそことか……

てな内容の早慶戦だが、今聞いても十分笑える。これは昭和八年の秋、二人が神宮球場に出かけた時に作ったものであるが、この時、チケットをくれたのは柳家金語楼だった。翌昭和九年（一九三四年）六月十日。この日は吉本にとって記念すべき日である。

これまで頑としてラジオを拒んできたせい、正之助がついに折れ、ＢＫの寄席中継に同意した。正之助は春団治のラジオ出演事件以来、ひそかにラジオについて思い巡らし、東京では寄席でラジオの中継のある日はよく客が入るのを知り、決断した。出演は笑福亭枝鶴、桂三木助、そして横山エンタツ・花菱アチャコ。この時、エンタツ・アチャコは「早慶戦」をネタに選んだ。

ラジオの威力は強烈だった。エンタツ・アチャコの「早慶戦」は全国津々浦々に流れ、人々は同時に爆笑し、エンタツ・アチャコは一夜にして全国に知られるようになった。しかし、これはラジオの威力のおかげだけではない。

「早慶戦」が極めてコンテンポラリーな笑いであったからであろう。エンタツ・アチャコの持つエネルギーがラジオというメディアから突然噴出したと言える。

そして聴取者はエンタツ・アチャコに同時代的な共感を抱き、たちまちエンタツ・アチャコのファンになったのである。

メディアの時代がやって来た

しかし、エンタツ・アチャコの広げた波紋はそれだけではなかった。

「僕は初めてエンタツ・アチャコを見た時、とてもショックを受けたんだけど、同時に、これからは万才も脚本時代だと思いましたね」と橋本鐵彦は言う。新劇青年ならではの感性である。

橋本鐵彦が吉本社内に「文芸部」「映画部」「宣伝部」の三部門の創設を正之助に提案したのは入社してすぐのことだった。

「御大（正之助のことを社員はみんなそう呼んでいたという）は、『うちは寄席しかやっていない。キミの言うことはよくわかる。何でもやってくれ』と言って、自由にやらせてくれたよ」

昭和八年（一九三三年）から十年（一九三五年）、第二文芸館から二十年間、これまで寄席一筋でやって来た吉本はここに大転換を遂げる。ラジオ、映画、レコード、雑誌とマルチ・メディアの展開へと転じるのである。もちろんその背景にはラジオ放送の開始、レコード会社の誕生、映画のトーキー化といったいわゆる複製メディアの誕生＝マス・メディアの発達があるわけだが、吉本は時代の流れを巧みにとらえた。

昭和十年に創刊した大衆娯楽雑誌「ヨシモト」のその年の十二月号で、正之助は「一年を顧みて」と題して、次のような一文をしたため、高らかにその事ことを謳っている。

「強いて今年の足跡に決算をつけるならば、平常の一年に較べて、私としては八方的に進出した年であった事である。ＪＯ及び日活と提携して寿々木米若・篠田實に據る『浪曲トーキー』を発表し、これが大衆の人気を受け大好評であった事は是が製作を提唱した私の一つの収穫であった」

日本映画が無声映画からトーキーに変わったのは昭和六年（一九三一年）の松竹映画「マダムと女房」からであるが、正之助は当時流行していた浪曲の映画化をもくろみ見事にヒットさせた。「御大は映画、ラジオに対しては非常に用心深かった」という橋本鐵彦の証言とは矛盾しているが、正之助はおそらく橋本たちブレーンの意見に素直に（かどうかはわからないが）従ったのだろう。

それにしても、この大転換期に橋本鐵彦、林弘高の果たした役割は大きく、また、それぞれのきわだった個性が絶妙のハーモニーを作っていたように思われる。

創業者吉本せい。彼女は山崎豊子の直木賞受賞作「花のれん」のモデルにもなったが、基本的には人情の人であったことは間違いない。長く京都の小屋で働いていた古参社員はこんな場面を見たと語る。

ある時、せいが小屋に入ろうと木戸に行くと、何も知らない木戸番の娘が「お金を払え」とせいの入場を断った。そのためせいは仕方なく楽屋口から小屋に入ったが、まもなくその娘を呼んで、よくやったとその娘に小遣いを与えたという。

また、ある時、せいが楽屋から舞台を見ると、舞台下にいる三味線弾きの髪が乱れているのが見え、せいは早速その三味線弾きの女性を楽屋に呼んで、自ら髪に櫛を入れた。

文句のつけようのない美談である。しかし、美談ではあるが嫌味でもある。大阪弁で言うなら、「ええカッコしぃ」である。生々しい寄席の世界でこれはあまりにも美しすぎる。もっとも、せいはこれが生来の性格のようで、それゆえ多くの芸人、社員から慕われたのである。

その姉の対極にいたのが正之助である。ショウ・ビジネスのダーティな部分をすべて引き受け、「御大」と怖がられ、「ライオン」「重爆撃機」と陰で呼ばれながら、正之助はあえて悪役を演じていたような気が私にはしてならない。

そして、新たに吉本に加わった二人。東京人で新劇、映画に通じていた橋本鐵彦は新しい時代に対応する吉本の「頭脳」として位置づけられるだろう。

せい・正之助の弟で東京の大学に行っていた弘高は「遊撃隊」として自分の思いのままに吉本を新しい地平へと導くのである。

昭和一〇年創刊大衆娯楽雑誌「ヨシモト」

わが「マンスリーよしもと」は、神戸でポートピア博覧会が開かれ、映画「エレファント・マン」が公開され、寺尾聡「ルビーの指輪」がヒットした一九八一年の創刊。もうずいぶん歴史のある雑誌だ。しかし、半世紀前に、今と同じ形の雑誌が吉本から出版されていたのである。

その名は「吉本演芸通信」。記録によると昭和八年（一九三三年）の創刊である。「吉本演芸通信」は吉本のニュースを集めたもので、橋本はこれを持って新聞社や通信社を訪れて、ネタを提供し、各紙の担当者はこれを取り上げた。これはまったく今日の「プレス・リリース」であり、私もまったく同じ仕事をしているのである。

「万才」が「漫才」に変わったのもこの頃であると言われている。『吉本興業株式会社沿革』によると――。

「昭和八年一月、文芸、宣伝、映画の三部門を創設、橋本鐵彦が兼務することになり、直ちに『吉本演芸通信』を発行した」「そのなかで、従来万歳とかかれていたのを、漫才と改めた事がある。なぜ漫才という文字を作ったかについては、他意はないが『万歳』という文字には、おめでたい時には万歳が三唱される様に、なんとなく厳粛、尊厳といった感が受けられる。然し寄席の万歳は、その起源の理屈は抜きにして、あくまで大衆演芸として変貌したものであるという意味あいから『万歳』はどうもふさわしくない、丁度時を同じくして人気のあった大辻司郎の『漫談』などから考えてみても『漫才』の方が似つかわしいと云う様な単純な理由からであった」

「万歳」を「漫才」に変えようというアイデアは橋本の統括する文芸部から起こった。文芸部では万才の脚本を強化するため、秋田實、長沖一、吉田留三郎など東大、京大出のインテリを呼んできた。そして橋本は正之助の許しを得て、「万歳」を「漫才」に変えた。ちなみに漫談は無声映画の弁士の話術・話芸から生まれたもので、当時、大辻司郎が人気を集めていたのである。

「漫才」は当初、ベテランたちの抵抗にあったが、橋本たちは押しきり、昭和九年（一九三四年）、東京の新橋演舞場で開いた「特選漫才大會」「生きてるマンガ・爆笑漫才大會」で「漫才」は定着した。

当時の新聞広告を見ると、「生きてるマンガ・爆笑漫才大會」は昭和九年八月二十一日から三十日まで新橋演舞場で開かれ、この時、エンタツ・アチャコは「はるばると大阪から來た笑ひの彌次喜多」と大きく紹介され、「インテリ漫才」のキャッチフレーズがつけられ、またミスエロ子・永田キングのコンビには「爆笑スポーツ漫才」のキャッチフレーズが見られる。

公演は連日超満員で、エンタツ・アチャコはここでも「早慶戦」を演じ、大喝采をもって東京のファンにも受け入れられた。ちなみに「生きてるマンガ・爆笑漫才大會」には製薬メーカーのタイアップがついていて、「胃腸を強くする頭痛疲労回復薬『はれやか』愛用者御招待」として、薬の空き箱を送ってきた応募者の中から抽選で二千人を招待、てなことも半世紀前から行なわれていたのである。

吉本文芸部は翌昭和十年（一九三五年）には、大衆娯楽雑誌「ヨシモト」を創刊。こちらは「吉本演芸通信」をより一般向けにしたもので、創刊号のグラビアは横山エンタツほか多数おり、こちらの方が我が「マンスリーよしもと」に近い。しかし大衆娯楽雑誌「ヨシモト」は紙不足のあおりで二年たらずで休刊。いつの間にか戦争の影が忍び寄っていた。

一方、「遊撃隊」の東京支社長、林弘高も派手な動きを見せた。とはいえ、その動きはいかにも吉本らしく、大まかであったといえよう。その代表は「マーカス・ショウ」である。

超々満員のアメリカ生粋の大レビュー団マーカス・ショウ

時は昭和九年（一九三四年）三月。前年の十二月二十四日にオープンしたばかりの東京丸の内の日本劇場に、アメリカのレヴュー団「マーカス・ショウ」の一行がやって来た。招聘元は日劇と吉本。
前日の夕刊には「マーカス・ショウ」の大広告が出され、東京中の話題をさらっていた。「愈々一日より公開」「申込殺到前賣中」「アメリカ生粋の大レヴュー団。紐育美人一行百餘名が醸し出す地上の極美。レヴューの新様式スペキユタキユラー・キヤラクター。レヴューの眞價を見られよ！」「マーカス・ショオGreater　MARCUS　SHOW」

という麗々しい謳い文句であるが、広告には五人のダンサーの写真が出ているだけで、ショウの内容がまったく出ていない。というのも、招聘元は中身を見ないままマーカス・ショウを呼んだのである。

弘高はパンフレットを見ただけで、やりましょうと招聘を引き受け、正之助は「そんなものに手を出してどうするか！」と怒りまくったという。それでも弘高がマーカス・ショウを招聘したのは、彼一流の「当たる！」という直感だったに違いない。

当時、日本はレビューが人気を呼んでいた。一九三〇年代、アメリカではミュージカルが台頭。それまでのレビューやボードビルは衰えていったと言われているが、日本では昭和四年（一九二九年）のエノケンのカジノ・フォーリー以来、レビューが大人気を博して、ほとんどの劇場、映画館でレビューが繰り広げられ、昭和五年にはレビューやダンスについて「股下二寸（七・五センチ）未満のもの及び肉色のズロースの着用禁止。背中の二分の一以下と乳房以下の露出禁止。腰部の衣装を肉色に見せる照明の禁止。腰部を前後左右に振る動作の禁止」を警視庁保安部が出すほどの過熱ぶりであったのだ。

日劇の「マーカス・ショウ」は当たり、客はその見事さに驚いた。そして正之助も驚き、「たいしたもんです」と後に語っている。

体に銀を塗ったダンサーが上から舞い降り、タップダンスあり、歌あり、踊りあり、コミックあり、ドラムソロあり。そしてその中には若き日のダニー・ケイもいた。

吉本ではさっそく（というか、手のひらを返したようにというか）大阪でも「マーカス・ショウ」の公演を行なったが、大阪ではちょっとした騒動が持ち上がった。

小屋の前の大看板に裸体の美女の写真を使い、その飾りに日章旗と星条旗をクロスさせたものをあしらったのだが、日章旗のポールの一番上の金の玉がちょうど美女の股に位置し、これを見た右翼が「日の丸を侮辱した」と乗り込んできて大騒動になった。

しかし、なんとかなだめて、幕を開けるとこれが超々満員。大阪の男たちを悩殺し、また、宿泊先のホテルではアンダーヘアを見せたまま部屋のドアを開けたりして、幸運な吉本社員を悩殺して「マーカス・ショウ」一行は帰国していった。

以後、日本に「ショウ」という言葉が定着し、また吉本では「女性パラシュート部隊」、「超肥満女性テレル夫人」、「フィリピンのカーニバル」などを海外から招聘。そして、モダンボーイ弘高は何を求めてか、金に糸目をつけず世界一周の旅に出た。

大当たり！　よしもと映画

法善寺の花月から全国に「早慶戦」が中継され、エンタツ・アチャコは一夜にして全国にその名を知らしめた。しかし、その翌日、思わぬ不幸が二人を襲った。

「藤木が入院しました」

正之助たち吉本首脳が翌日受けとったのはアチャコ入院の知らせだった。

正之助たちは芸人を芸名で呼ぶことはせず、いつも本名で呼んでいた。

アチャコは東京での「特選漫才大會」「生きてるマンガ・爆笑漫才大會」のころから中耳炎を患い、それでも無理をして仕事をしていたのだが、ラジオ出演という大仕事を終えて、上本町の赤十字病院に入院した。

アチャコの入院は長引き、一か月近くに及んだが、退院してきたアチャコを待っていたのは、エンタツのショッキングな行動だった。

エンタツは杉浦エノスケと組んで、エンタツ・エノスケですでに仕事を始め、もうアチャコとコンビを組む気はないという。

コンビを組んで四年四か月、エンタツ・アチャコは法善寺のラジオ中継を最後に、二度といっしょに舞台に立つことはなかった。

コンビ解消について、さまざまな風評が立った。吉本が二人の人気に目をつけて、二人を別々にして儲けを倍にしようとしたという説。そして、エンタツがギャラの折半を嫌ったという説である。

吉本が二人を別々に分けたというのはいかにもありそうな話だが、橋本鐵彦によると、そうではなく、コンビ解消の理由は後者であったという。

失意のアチャコはしかたなく昔の相方、千歳家今男とアチャコ・今男のコンビを組んだが、橋本はひとりぼっちになったアチャコのために、新しい仕事を考えた。それは映画進出であった。

橋本の知人に日活の制作部長がおり、アチャコの起用を頼んだところ、絶好の映画があった。

溝口健二監督の「銭形平次」。主演は長谷川一夫で、アチャコはここでハチ役を演じ、スタッフを感心させた。監督の溝口健二は長谷川一夫とアチャコを二人並んで歩くように指示したが、アチャコは一歩下がって歩いた。アチャコはこれについて、「私は身体が大きいので、並んで歩くとえらそうに見えます。それで私は一歩下がって歩くことにしましてん」と答えた。このアチャコのアイデアは以後の「銭形平次」の平次とハチのパターンになり、今日までそれが引き継がれているのである。

そしてアチャコの映画界進出がうまくいき、吉本はスクリーンで、エンタツ・アチャコのコンビを復活させた。

エンタツ・アチャコの主演第一作は、ＰＣＬ・吉本提携の「あきれた連中」であった。ＰＣＬは東宝の小林一三が映画技術研究のために作った映画会社で、吉本は昭和十年（一九三五年）十一月にＰＣＬ。続いて昭和十一年（一九三六年）十一月から東宝と業務提携をしていた。

当時、大阪では吉本興業の吉本せい、東宝の小林一三、松竹の白井松次郎が三大興行師といわれ、それぞれしのぎを削っていたが、やがて業務提携に転じ、吉本は映画部門においてまず松竹系の太秦《うずまさ》発声映画と西で提携し、続いて東で東宝系のＰＣＬと提携した。

当時の新聞によると、

「西において太秦発声と提携している吉本興業が、今度は東のＰＣと提携した。これは林吉本東京支社長と森ＰＣＬ支配人との間に話が纏まり、今後吉本専属芸人を随時動員してＰＣＬ映画に出演せしめるもので、最近の『三色旗ビルディング』に漫才ラッキー・セブンの特別出演したに次いで、時局小唄の石田一松と漫才雅子、染団次の三名が『ラヂオの女王』のラヂオ芸術家に扮して特別出演することになった」（昭和十年六月十日、中外商業新報）

というわけである。

しかし、松竹も同じような構想を持っていたようであった。四か月後、「太秦発声では喜劇映画の主演に新機軸を出すべく、漫才界のスター主演に成る異色篇を制作しようとのプランを進めていたが、愈々吉本興業との間に二カ月一本の割合で共同作品を製作する契約が成立、直ちに第一回作品の準備に着手した。主演はエンタツとアチャコで、原作は特にサトー・ハチロー氏が書卸し、脚本脱稿次第明春封切りを目指して、志波西果監督が撮影を開始する筈である」（昭和十年十月二十四日中外商業新報）

と発表する。

だが、エンタツ・アチャコはＰＣＬに出演する。吉本と東宝と松竹。この三者の間にどんなやり取りがあったのかは、わからない。しかしエンタツ・アチャコのＰＣＬ

出演は、あるいは後の松竹と吉本の抗争の火種となったのではないかと私は想像する。

エンタツ・アチャコ主演の「あきれた連中」は「PCL吉本興業提携超大作」「吉本の誇る漫才王エンタツ・アチャコが贈る笑ひの豪華映畫」「横山エンタツ・花菱アチャコの爆笑トーキー」と派手に宣伝され、昭和十一年(一九三六年)の新春に封切られ、大ヒットした。

東京の日本劇場では、同時上映がローレル＆ハーディの「槍騎兵」というモダンな仕掛けで、また「あきれた連中」の共演にはシルクハットとハンサムなマスクで人気のあった二世のジャズシンガー、リキー宮川を配するというシャレたキャスティングを行ない、エンタツ・アチャコのコンテンポラリーな笑いの魅力を際立たせた。

縦横に駆け回る七十三組の吉本漫才軍団

大正年間の寄席経営からスタートし、昭和とともに迎えたマス・メディアの時代、大衆娯楽の時代の波に乗って、吉本が黄金時代を築くまでを私たちは見てきたが、ここでその絶頂期の王国を覗いてみよう。

まず驚くべきはその直営館の数である。

〔大阪〕計二十六館
大阪花月劇場（千日前）
南地花月（千日前）
千日前南陽館（千日前）
三友倶楽部（千日前）
紅梅亭（法善寺）
新世界花月（新世界）
芦辺劇場（新世界）
南陽演舞場（新世界）
花月倶楽部（梅田）
梅田松井館（梅田）

天満花月（天満）旧第二文芸館
天四花月（天満）
天五都館（天満）

玉造三光館（玉造）
九条正宗館（九条）
松島広沢館（松島）
松島花月（松島）
福島花月（福島）
福島延命館（福島）
福島龍虎館（福島）
西野田戎座（西野田）
堀江花月（堀江）
堀江賑江亭（堀江）
京三倶楽部（京町堀）

上本町富貴亭（上本町）
松屋町松竹座（松屋町）

〔京都〕計九館
花月劇場（新京極）
京都花月（新京極）
富貴（新京極）
笑福亭（新京極）
芦辺館（新京極）
長久亭（新京極）
西陣長久亭（西陣）
西陣富貴（西陣）
大宮泰平館（大宮）

〔神戸〕計三館

多聞座（多聞）
御代の座（三宮）
千代廼座（新開地）

〔名古屋〕計一館
七宝館

〔横浜〕計三館
花月劇場（伊勢佐木町）
朝日座（伊勢佐木町）
寿座（伊勢佐木町）

〔東京〕計五館
花月劇場（浅草）
昭和座（浅草）

公園劇場（浅草）
神田花月（神田）
新宿帝国館（新宿）

総数四十七館。まさに「吉本王国」の広大な領地である。この広大な領地を正之助の指揮のもと、吉本漫才軍団が縦横に駆け回ったのである。

昭和十一年（一九三六年）、吉本所属の主な漫才師は実に七十三組にのぼる。記録としてここにとどめておきたい。ちなみに現在吉本所属の漫才は七十組強で、私は当時の吉本のおびただしいラインナップに唯々圧倒されるのである。

浪花家芳子・市松／轟美代子・一蝶／砂川捨奴・東家市丸／千歳家歳男・今若／立花三郎・六三郎／水茶家博次・博多家人形／秋山右楽・左楽／杵屋芳奴・松本庫吉／丹波クリスケ・クリカク／吉野喜蝶・松葉家奴／荒川玉三郎・政治郎／山崎次郎・玉子家源若／三笠ノボル・長門英二／花柳つばめ・横山円童／高田久次・千代の家弟蝶／八丈竹幸・浮世亭出羽助／千歳家今男・花菱アチャコ／立美末子・三好／河内家秀

子・虎春／松鶴家八千代・千代八／若松家姫松・老松／花柳一駒・三遊亭柳枝／林田十郎・芦の家雁玉／浪界百合子・勝若／高田幸若・荒川勝美／深田繁子・鹿島洋々／橘家菊春・太郎／松鶴家時子・団次／坂本ボテ丸・松鶴家団之助／小川雅子・林家染団治／林家染子・染次／荒川玉江・成三郎／酔月楼とり三・唄の家なり駒／都家静代・文男／河内家鶴江・房春／桂里子・文彌／松鶴家愛子・横山文丸／都家静香・文昭／文の家久月・福勇／鈴の家福奴・寿／浮世亭お蝶・公園／荒川藤男・光月／林美津江・立花家幸福／松葉家蝶子・東家五九童／立花家菊次・小文字／市川八重吉・小福／椿美津子・宮川小松月／三遊亭柳太郎・小柳／桂すゞめ・小枝／杉浦エノスケ・横山エンタツ／中村力三・隅田川五月／花園愛子・桂金吾／旭芳子・佐賀家喜昇／砂川照子・菊丸／山崎米三・平和喜楽／林田五郎・柳家雪江／松鶴家光晴・浮世亭夢若／都家初菊・峰菊／高井カクテル・佐々木昭六／若松家艶子・正坊／唄の家栄子・若松家正二郎／都家文路・若松家正蔵／月路ラヴ・アザブ仲／大和秀千代・秀夫／一輪亭花蝶・三遊亭川柳／御園ラッキー・鹿島セヴン／桜川花子・末子／江戸家染吉・奈嘉蔵／ミスチアキ・トヤマエイニ／高田朝江・水月／宮川幸子・楽狂

さて彼らのギャラはいったいどれくらいだったのだろうか。しかし、残念ながら、吉本では昭和二十年（一九四五年）三月の大阪大空襲ですべての記録が焼失し、それを知る術《すべ》はない。ただ、吉本について書かれたものから断片を拾ってみると、その筆頭はあの桂春団治だろう。

春団治が浪花派から吉本に移籍した時の条件は、「貸金二万円　月給七百円」であったといわれている。大正末期から昭和初期、大学出の初任給は四十五円である。そして、「千円も出せば家が一軒買える時代に、五百円の月給をとりながら、いつも金に困って」、アドバンス（前借り）を繰り返していたのは上海バンスキングたちであるが、春団治はそれをはるかに上回る。

だが、それにもまして豪快だったのは正之助たちだったにちがいない。

「マンスリーよしもと」誌上での会長の昔話。「エンタツと別れてからしばらくアチャコは苦難の道を歩きましたが、アチャコはねえ、芝居やらしたら上手いんですわ。味があってですねえ、長谷川一夫さんの脇に出ても、何に出ても、ええ味があるんですわ。自然な味を持ってますなあ。そりゃ、遊びに連れていって、タイコモチさしたら実に立派なもんだ。そのかわりね、宗右衛門町の高級料亭へ連れていったらね、オールド・パーを一本半も飲みよるんだ。その時分、オールド・パーが八十三円ですわ。一本半飲んで、半分残ったやつをアチャコは持って帰りよるんだ。アチャコにウィスキー飲ませたら、あいつの分だけで百円要る」

第四章

お笑い戦線異状なし

見よ、我ら「わらわし隊」

全国に四十七館の直営館を持ち、正之助たちが笑いの帝国を築き上げ、我が世の春を迎えていた昭和十二年（一九三七年）七月、日中戦争が始まった。

昭和七年、満州国の建国が宣言され、日本軍はさらに華北の満州化をねらって進撃（昭和八年）。そして、ついに蒋介石国民政府と全面戦争に突入したのである。この戦争は国民には正義の戦いであると宣伝され、大衆は誰ひとりそれを疑うものはおらず、正之助たちもそう信じていたにちがいない。

「昭和十二年七月、蘆溝橋に於て戦火が交えられ、近衛内閣の不拡大方針にも拘らず、北支から中、南支へと戦線は拡がっていった。国内に於ても、漸く戦時色濃厚になり、演芸の吉本も防空演習、軍用機献納運動、戦地慰問の『わらわし隊』派遣を始め、娯楽を通して挙国一致の国民精神発揚を努めるといった仕事迄引き受けた。

昭和十二年七月、好評嘖嘖であった雑誌『ヨシモト』も紙の制約と編集要員の召集による不足等の為遂に廃刊された」（『吉本興業株式会社沿革』）

そして、

「支那事変も、二年、三年目となると、戦時色益々濃厚となり、軍に協力するに非ずんば非国民呼ばわりされる様になり、応召される者も多くなった」（同前）

映画、演劇、演芸などの興行主は軍部ににらまれることを恐れ、吉本でも満州事変（昭和六年）の直後、いち早くエンタツ・アチャコらの慰問団を満州に派遣するなどしていた。また、日中戦争開始後、新聞各社が大陸に慰問団を派遣するという動きの中で、大阪朝日新聞主催の「皇軍慰問団」として、アチャコ・今男、エンタツ・エノスケらを派遣した。それが吉本の通称「わらわし隊」である。

「わらわし隊」とは当時花形であった陸軍、海軍の航空隊をマスコミが「荒鷲」と呼んでいたものをもじったもので、「皇軍慰問団」とはいえ、じつにノリの軽いものであったといえる。

昭和十三年一月の「わらわし隊」の出発を追ってみよう。

「わらわし隊」は大連・北京方面の北支班と上海・南京方面の中支班に分かれ、北支班は花菱アチャコ、千歳家今男、柳家金語楼、柳家三亀松、京山若丸。中支班は横山エンタツ、杉浦エノスケ、石田一松、玉松一郎、ミス・ワカナ、神田ろ山というラインナップで、中支班には正之助自ら陣頭指揮に立った。

一月十三日、全員が東京に集合。宮城遙拝、明治神宮・靖国神社参拝、海軍省・陸軍省訪問。そして夜行列車で大阪へ。

一月十四日、大阪駅に到着。柳家三亀松は軍刀をひっさげ、アチャコは何を思ってかピッケルを持って雪山に行くような格好をし、ミス・ワカナは従軍服を着ているが帽子には紅バラを飾り、こちらもなぜかスキー靴を履くという浮かれた気分で大阪駅頭に降り立った。そしてファンの声援を浴びつつ車を連ねて難波の八阪神社に参拝。

神社で祝詞をあげてもらったが、神社では苗字と名前の間に「の」を入れるのが慣わしで、「横山のエンタツ」、「千歳家の今男」、「柳家の金語楼」などはよかったが、神田ろ山の「かみたのろうやま」、花菱アチャコの「はなびしのア・チ・ヤ・コ」、柳家三亀松の「やなぎやのさんかめまつ」で爆笑。その後、宗右衛門町の「浜作」で吉本興業主催の「出発お祝いの会」を開いた。午後六時半、大阪朝日会館で「皇軍将士慰問演芸班を送る夕」。そして午後十一時二十七分発の特急富士で下関へ。

一月十五日。午前九時二十五分、下関に到着。ここから北支班の花菱アチャコ、千歳家今男、柳家金語楼、柳家三亀松、京山若丸は「扶桑丸」で大連に出発。中支班は再び列車に乗り長崎に向かう。

一月十六日。午前十時、中支班の横山エンタツ、杉浦エノスケ、石田一松、玉松一郎、ミス・ワカナ、神田ろ山、そして正之助は上海丸で上海へ。

一月十七日。中支班を乗せた上海丸は午後一時過ぎに上海に入港。北支班はそれより早く午前九時に大連に入港。

満州事変の後、エンタツ・アチャコで訪れた時は、誰もアチャコを知らず、「アチャコ」という女だと思われていて、がっかりされたが、今度は大人気である。

北支班は大連、天津、保定、石家荘、邯鄲、沙河と最前線に突き進み、敵が塹濠を掘っている手前まで行き、太原では弾丸の下をかいくぐりながらの慰問であった。

着いてみると舞台も何もなく、戦場の真っ只中で、まもなく敵の砲撃が始まるという時に、六十人ほどの兵隊を相手に芸を始めたが、やがて大砲の音が聞こえ、驚いて中断すると、兵隊は大丈夫だから続けろといい、再び始めたが、大砲の音が腹に響いて、声が出なかったという。

戦闘機でエンタツは煙草をくゆらす

一方、上海に上陸した中支班はその日から病院や各部隊を精力的に回り、翌一月十八日は午後十時まで六か所を回るという活躍ぶり。二十日には黄浦江に浮かぶ「出雲」など軍艦の上で演芸会を行ない、本物の「荒鷲隊」と対面。彼らを大いに笑わせた。

そして一月二十三日、一行は南京に向かう。

空陸から　南京入り

皇軍慰問の〝爆笑機関銃隊〟

「南京特電　二十三日発」　本社特派の皇軍慰問爆笑隊一行は二十三日上海を出発、空から乗り込んだのは吉本興業の林社長、横山エンタツ、杉浦エノスケの名コンビ、歌の石田一松君の四君で、午後一時半飛行場に降り立った一行は飛行服のいでたちも凛々しい、一行はまづ本社の南京通信本部に落ちついたのち、中山陵などの戦跡をめぐって皇軍激戦のあとにすっかり感激、列車で到着した神田ろ山、ミス・ワカナ、玉

松一郎の諸君と勢ぞろひののち宿舎に入り、二十四日から三日間国民大会堂で陸海軍部隊将士の慰問演芸を催す。(大阪朝日新聞)

飛行機といっても旅客機ではない。バリバリの戦闘機であった。正之助たちは飛行服を着せられ、パラシュートを背負わされ、もしもの時はこのピストルでこめかみに一発撃ち込めとピストルまで渡されびっくり仰天。震えながらも、あきらめて戦闘機に乗り込んだ。

やがて戦闘機は離陸。座席は吹きっさらしで、飛行服を着ながらも正之助はがたがたと寒さに震えた。そして、ふと後ろに座っているエンタツを振り返ると、絶対禁煙の飛行機のコックピットでエンタツはかがみ込んで風をよけながら、なんと煙草を吸っていて、正之助は全身から冷や汗が吹き出し、生きた心地がしなかった。

こうして「わらわし隊」は約一か月、中国各地を転戦し、北支班は二月十六日釜山から関釜連絡船「興安丸」で下関に帰り、中支班は二月十三日「上海丸」で長崎に帰った。

〝わらわし隊〟
明朝大阪へ凱旋
北京、天津はじめ彰徳、邯鄲、滋県、石家荘、保定など北支全戦線にわたって六十五回におよび笑ひの爆弾を投下、前線勇士にユーモアとギャグを配給して悠々帰途についた本社特派皇軍慰問演芸〝わらわし隊〟北支班の花菱アチャコら一行は京城まで出迎へた吉本興業林社長とともに十六日朝下関入港の関釜連絡船興安丸で張り切って凱旋した。

前夜下関に一泊した〝わらわし隊〟南京、上海班の横山エンタツ一行および本社下関販売店員らに迎へられ駅前浜吉旅館で兵隊靴を脱ぎ軍服をどてらに着かえ戦線のあかを落した一行は、揃って一ケ月ぶりに白い米飯と味噌汁の朝食をとった。

休憩のうへ午後十一時下関発列車で大阪に向ふが、一行は語る。

予期以上の効果をあげて無事凱旋しました。南北両班とも現地では想像以上に軍隊に歓迎されたことはひとえに御社のおかげです。爆笑のうちに戦線風景の報告をしたいという希望で一同張り切っています。（大阪朝日新聞）

そして大阪に戻った一行は「先月中旬出発後一ケ月余りに亘って戦雲渦巻く支那全土を文字通り南船北馬不眠不休で駆け回り到るところ忠勇無比の皇軍に天晴れ笑ひの爆弾を補給したる吉本興業幹部『笑鷲部隊』の凱旋公演」と派手なキャッチフレーズをつけて、早くも三日後に全員出演の帰朝報告演芸会を行なう。

「わらわし隊」の動向が新聞紙上で毎日のようにリポートされていたこともあり、また芸人たちの見た支那戦線の様子を知りたいという大衆の欲求もあり、「わらわし隊凱旋公演」は超満員。「わらわし隊」派遣は吉本にとってじつにタイムリーな企画であった。三月にはラジオで全国に「わらわし隊帰還報告演芸」が流され、三月末から四月には東京、横浜で「わらわし隊凱旋公演」。エンタツ、アチャコらは戦場の話をネタにギャグを連発した。

また、「わらわし隊」のレコードもレコード各社から発売され、金語楼などは三月「戦笑報告」、四月「愚問愚答」、五月「六連発」、六月「決死の慰問」と、戦場ネタのレコードを連発。戦争も芸人たち、そして吉本にとってはネタと化してしまったのである。

だが、この「わらわし隊」企画の第三弾で南支にでかけたラッキー・セブンが「南文の想い出」のネタでラジオに出演するはずだった昭和十四年三月二十三日の夜、吉本にとっての本当の「戦争」がはじまった。

吉本VS松竹大阪戦争

吉本所属のラッキー・セブンは東京の漫才界の新進気鋭のコンビで、その日は昭和劇場に出演した後、東京放送局に出演する予定であった。だが、時間になってもラッキー・セブンは現われなかった。

大慌てした吉本はふたりを探したが、ふたりは行方不明のままだった。連絡を受けた正之助は絶句した。そして、

「新興の連中やな……」

と呟いた。

正之助の勘は図星であった。

ラッキー・セブン、ワカナ・一郎、ラッパ・日佐丸、あきれたぼういずなど吉本の人気スターがごっそり新興演芸部に引き抜かれたのである。

吉本は東宝と映画で提携を結び、また、正之助は東宝の小林一三に請われて東宝劇場の役員のひとりとして名を連ねていたが、東宝のライバル松竹が「新興演芸部」を設立して、演芸界に進出。新興演芸部は、松竹の大資本をバックに吉本の切り崩しを開始していた。

新興の武器は札束であった。ラッキー・セブンは吉本の五倍のギャラを見せられ、月給五百円の大スター柳家三亀松は千円単位の額を提示され、アチャコは契約金として三万円の預金通帳をポケットにねじ込まれたのだった。

松竹が吉本の切り崩しを始めたその背景には当時の映画界の事情が色濃く反映していた。

日中開戦によって映画の上映本数が制限され、映画館ではその穴埋めのためにアトラクションを導入。そのアトラクションが人気を呼んで、漫才やショウの芸人の需要が急激に高まった。当時十三歳、天才少女と言われた（？）今日規汰代師匠は新興演芸部にスカウトされたひとりであるが、新興は吉本とくらべてギャラが圧倒的に高く、また芸人の扱いもとても良かったと言う。

「新興は吉本よりもギャラが一桁違いましたねえ。吉本が百円なら新興は千円。そんな感じでしたよ。また、楽屋も全然違いましたね。吉本は狭い楽屋で、芸人さんたちは格の高い人は畳の上で着替えたりしてましたが、そうでない人は楽屋の外でやってました。ところが新興は広い楽屋があってとってもきれいでしたよ」

規汰代師匠は当時吉本の芸人ではなかったが、昭和十四年（一九三九年）に浅草で新興にスカウトされて大阪にやって来た。ちなみにその頃の規汰代師匠の吉本についてのイメージは、「林正之助さんはとてもこわい人だと聞いてました。芸人の頭を殴ったりすると聞いてましたね。実際、戦後に吉本に入ってそれが本当だと知りました（笑い）。そして、吉本せいさんはやさしい人で、本当に芸人のことをあれこれ気づかってくれる好い人だと聞いてました。だから、私は吉本は怖いところだと思っていました」

である。

楽屋の汚さは吉本会館が出来て少しは改まったものの、芸人の扱いの荒さ、そしてシブチンぶりはもちろん今も変わらない。

大阪にやって来た規汰代師匠はミス・ワカナに可愛がられた。

「不世出の才女」、「天才美人漫才師」と言われ、三十六歳の若さで世を去り昭和史にその名を残すミス・ワカナは昭和十一年（一九三六年）、二十五歳で吉本の専属になった。鳥取県に生まれて四歳のときから安来節を歌い、十四歳で万才の道に入り、都家若菜と名のっていたが、のちにミス・ワカナと改めた。そして千日前の楽天地で活動写真の楽士であった玉松一郎と出会い、ふたりは恋に落ちたが、ワカナには許婚者がいて田舎に引き戻され、結婚させられた。

しかしワカナはどうしても舞台に戻りたくて、大阪に飛び出して一郎と再会。ふたりは駆け落ちをし、中国の青島に逃げて、ワカナはダンサーとして働いたという。

やがて日本に戻り、ふたりで漫才を始めて地方巡業をしているときに吉本の目に留まって大阪にやって来た。

吉本に入ったワカナはモダンな洋装で舞台に立ち、アコーディオンを弾く一郎とともに天衣無縫の話芸で注目を浴び、ふたりは「モダン漫才」のキャッチフレーズでめきめきと売り出してゆき、わらわし隊にも参加。帰国後はあのエンタツ・アチャコを凌ぐほどの芸の輝きを見せたという。

欧米人たちのリゾートとなっていた青島で覚えたダンスと英語、そして地方巡業で覚えた方言を巧みに配したワカナの芸を「ワカナの、上品な〝ザアマス調〟から、いきなり『なにを抜かしくさる、このガキ』と〝最底辺調〟へ変わる間のうまさ。それに各地の方言を、その本場の人が驚くうまさで使い分ける才能など、まさに〝天才〟で、以後、彼女を上回る女流芸人は出ていない。おそらく、空前絶後の才能といってよいだろう」（『昭和演芸秘史』）と演芸評論家の小島貞二氏は激賞している。

新興に移ったワカナ・一郎はトップスターとして活躍。新興はワカナ・一郎のためにテーマソングまで作って盛り上げた。吉本では三味線、太鼓の出囃で芸人が登場するのが普通であったが、新興は寄席にもバンドを配して華やかでモダンな演出をし、それは芸人たちにとっても大きな魅力だった。

新興のこの攻勢に対して正之助たちは必死で防戦した。アチャコがもらった契約金を取り上げ、契約金を受け取る寸前であったあきれたぼういずのリーダー、川田義雄を箱根まで追いかけ、ギャラアップを打ち出してようやく引き止めた。そしてラッキー・セブン、ワカナ・一郎、ラッパ・日佐丸、リーダーを除いたあきれたぼういず程度の被害で食い止めた。

後年、会長はこの事件をこう述懐している。

「ワカナ・一郎、これは人気がありました。エンタツが困ったんですよ。当時エンタツにしてはプライドがあります。それで盛んに新興演芸部の引き抜きに対してワカナ・一郎なんかにたきつけとるんですな。行け、行け、言うて。彼らが吉本を出れば自分がナンバーワンですわな。しゃあないやっちゃ。新興もそういうエンタツを知っているから引き抜きに来ない。アチャコには来ましたがね。二年足らずの戦争だったですが、やっつけてやりました。ワカナも謝って帰りたい、いうて来ましたがね。いや、いっぺん出たんやから、お前はお前でやれ、と言いました。いっぺん出た者が戻るのは、はたのものに具合が悪いから、言うてね」

しかし、この事件のおかげでギャラが大幅にアップし、芸人たちは大喜びをした。そして「やっつけてやりました」とは言うものの、正之助はほぞを噛んだに違いない。

吉本所有の通天閣炎上

たびたび世間を騒がす大阪・西成。最近では西成騒動と一一九号事件で名高い所だ。西成騒動は日本だけでなく、なんと世界にも知られた。新婚旅行でニューヨークに滞在していた私の友人がふとテレビのＣＮＮニュースを見た。ＣＮＮは炎上する駅、警官隊と衝突する群衆の映像を伝え、またどこかの国で暴動が起こっているのかと見ていると、なんとそれは大阪であった。そしてあわてた彼は大阪に帰れるのか心配になって、私のところに国際電話をかけてきた。

一一九号事件ではなんと我が吉本所属の女流落語家、桂花枝が犯人に襲われ、首を絞められて危うく命を落としそうになった。

その西成に立つのが、よく「大阪のシンボル」と言われる通天閣である。

もっとも通天閣が「大阪のシンボル」かどうかということと、通天閣を美しいと思うかどうかは別問題である。私自身は通天閣をさまざまな意味を含めて大阪の象徴だとは思うが、決してアレが美しい塔だ、大阪の誇りだとは思わない。

通天閣のふもとには何の気取りもない世界があるという意味で、もちろん私は通天閣を愛している。通天閣の見える天王寺から飛田、そして通天閣のふもとの新世界をぶらぶら歩いて、オッサンにまじって串カツを食べ、ビンゴゲームの大阪版のZゲームをし、安い服があったら買って帰り、楽しむ。

その猥雑さ、テンションの低さはいかにも大阪独特で、その意味では大阪のひとつの顔であり、そしてまた怖さがあるのも大阪らしいところである。

しかし、あの通天閣を決して綺麗な塔、美しい建造物だとは私は思わない。そして、私はこう呟くのである。通天閣が美しかったのは一九一〇年代、一九二〇年代のことではなかったのか……。

わらわし隊が成功を収めた昭和十三年（一九三八年）、吉本は通天閣を買い取った。「昭和十三年九月二十七日、新世界通天閣をその所有主大阪土地建物会社より買収、之に補強を行い、面目一新、その脚側左右に位置する花月、芦辺劇場と共に、新世界の正面を扼した。（明治三十六年　第五回内国勧業博覧会が催されたが、その約十年後、広さ三万余坪東洋唯一の娯楽園として大阪南部に新世界が誕生、一切を大阪土地が経営、その中心として通天閣が造られ、エッフェル塔に似た高さ二百五十尺の偉容は、当時としては本邦未曾有のものであった）」（『吉本興業株式会社沿革』）

そう、通天閣は明治四十五年（一九一二年）、吉本吉兵衛・せい夫婦が天満天神裏の第二文芸館を手に入れた年に、新世界のルナパークに完成したもので、二百五十尺（約八十三メートル）は日本一の高さであった。その姿はパリのエッフェル塔をモデルにし、周囲にはアールデコの建物が並んだ。ロープウェイのゴンドラが空中を行く西欧風の遊園地ルナパークのシンボルとして、通天閣は人気を呼んだ。新世界は日本一モダンな場所だったのである。

しかし、昭和初期の不況で新世界はさびれ、通天閣はしだいに老朽化し、昭和六年（一九三一年）大阪城天守閣が完成すると展望を目当ての客も減り、営業不振に陥っていったのである。そして身売りの話が吉本に持ち込まれた。

「よっしゃ、買いまひょ」

と言ったのは吉本せいだった。

吉本は通天閣の真下に新世界花月、芦辺劇場を持ち、通天閣を手に入れれば新世界の正面はすべて吉本が押さえることになる。

錆びた鉄骨を塗り替え、古くなったエレベーターを修理し、「ライオンはみがき」のネオンサインをつけて広告収入が入るようにして、通天閣はリニューアル・オープン。

「大阪というところは、ほんまに有り難いところでござります。何の経験も才覚もない素人上りのわてでも、十七年間、一生懸命してますと、ちゃんとわてにも商いさしてくれはるだけの場所を皆さん方で空けてくれはります。商いきついとこだけにまた、ええ商いもさして戴けるところでござります。こうして、今日ええ商いをさして戴けますのも、一重に皆さん方の御贔屓のお力で、もったいのうおます。どうか、今後もお陰を蒙らして戴けますよう、宜しうお頼申します。おおきに、おおきに」

吉本せいをモデルにした山崎豊子の小説『花のれん』。そのヒロイン多加は各界の名士を集めた通天閣の披露式でそう挨拶をする。裏に「これで新世界の寄席の価値は増す、それに広告収入もある」という計算があることを百も承知の押さえた挨拶である。

だが、通天閣はその四年四か月後、あっけなく姿を消す。昭和十八年（一九四三年）一月十六日、新世界大橋座から出火し、火は吉本の新世界花月、芦辺劇場に燃え移り、ついに通天閣は炎に包まれ、飴のように溶けて無残な姿になってしまった。

焼けた通天閣をせいは復旧工事をせず、軍需資材として大阪府に献納。その解体式も行ない、司会は橋本鐵彦が受け持った。

その後、昭和三十一年十月二十八日に現在の不格好な通天閣が再建オープン。パリのエッフェル塔を真似た美しい姿の通天閣はもうこの地上にはなく、かつての新世界も大阪にはないのである。

大阪大空襲――劇場、寄席消失、誰もいなくなった

「太平洋戦争に入り、日本は軍国色一色になり、国民生活から笑いが消えてしまった」と思っている人はいないだろうか。私は単純にそう思っていた。

ところが、そうではなかったのである。

私は戦争中の芸人の苦労話を聞きたいと思って規汰代師匠に会ったのだが、太平洋戦争が始まっても、寄席はそのままやっていた、と規汰代師匠は言った。

そして、芸人は食糧に困らなかったし、お金にもあまり困らなかったという。よく食べ物をいただいたし、仕事も慰問に行けばよかったし、寄席も変わらず営業を続けていた。お笑い戦線異状なしである。

もちろんさまざまな本に書かれているように、ネタに制限はあったが、それさえ守ればＯＫ。どこまでもしぶといのが芸人なのである。

だが、戦争が長く続くうちに、楽屋の秩序は徐々に乱れていった。勝手に休む者、

平気で遅刻してくる者が現われて、なんとなくタガがゆるんだようになっていった。

そして困ったのはヒロポンが入ってきたことだった。ヒロポン（塩酸メタンフェタミン）は覚醒剤の一種で、疲労感の減退、恍惚感、作業量の増加の作用がある。戦後二百八十五万人という大量の常用者を生み、社会問題となって、昭和二十六年（一九五一年）、「覚醒剤取締法」が制定された。常用者のなかには多くの芸能人、文士がいたという。

一般にヒロポンは戦後のものと思われがちであるが、ヒロポンはすでに戦時中から存在していた。その出所は軍であった。太平洋戦争中、徹夜作業や特攻隊員の恐怖感をなくするために用いられ、大阪の演芸界に流れてきたのは内地の軍の慰問、そして大陸の軍の慰問のふたつのルートからだと思われる。

楽屋のタガがゆるんだようになったのも、おそらくヒロポンによるものと思われるが、ヒロポン中毒による悲劇の犠牲はなんといってもミス・ワカナである。

ミス・ワカナは過労からヒロポン中毒になり、昭和十七年（一九四二年）離婚。そして昭和二十一年（一九四六年）、ヒロポンの打ち過ぎによる心臓マヒで、阪急西宮駅で倒れ、三十六歳の若さで世を去ったのである。

昭和十六年（一九四一年）十二月に始まった太平洋戦争は当初日本軍有利で展開したが、翌十七年（一九四二年）六月のミッドウェイ海戦から米軍は本格的反攻を開始。十九年（一九四四年）の終わりには米軍は沖縄にまで迫ってきた。

そして十九年の三月、閣議で「決戦非常措置要綱」が決定され、その中の〝高級享楽の停止〟が具体的に決められて、劇場、高級ホテル、高級料理店などが休業することになった。吉本では千日前の大阪花月、南地花月、新世界南陽演舞場の休業が大阪府保安課から申し渡された。

その年の暮れ、大阪上空に米軍の偵察機が現われ、いよいよ大阪空襲近しを思わせ、正之助と橋本は不安げに空を眺めた。

「御大、いよいよ米軍の空襲が近いようですよ」

「ああ。かもしれんな」

橋本はそろそろ空襲に備えて事務所の書類を夙川の正之助の家に移しておこうと言った。

「そやな」

明けて一月、ふたりは事務所で書類を整理し、段ボール箱に詰めた。

「御大、これで大丈夫ですね。明日、これを御大の家に運びましょう」

だが、その夜、米軍機がミナミを爆撃し、事務所は全焼してしまった。そして吉本の活動を記した資料もこの夜すべて燃えてしまったのである。戦前の吉本の記録はどこを探してもない。

そして三月十三日に最初の大空襲があり、大阪は湾岸部から中央部にかけて焼夷弾のじゅうたん爆撃を受けた。その後の度重なる爆撃で吉本は劇場、寄席の大半を失い、芸人もアチャコひとりを残して誰もいなくなった。

吉本せい。興行界において、せいは表、正之助は裏の部分を受け持った。1889 年明石生まれ。1950 年没（享年 62 歳）。

(左上)昭和５年３月１日。法善寺花月、第６回記念興行。花月連幹部代表出演。(左中)昭和２年12月。道頓堀弁天座、全国萬歳座長大会。(左下)正之助の企画により、吉本と松竹が提携して道頓堀の弁天座で「諸芸名人会」と称する萬歳大会を開催して大成功を収めた。写真はその会場内。(右上)鬼才桂春団治。(右下)法善寺界隈には数軒の寄席小屋を経営していた。これは昭和２年２月当時の南地花月。

(上)左から大辻司郎と、林正之助、柳家金語楼。(下)漫才コンビ解散後も映画ではコンビを続けていたエンタツ(左から２番目)とアチャコ(右端)。

(左)劇場のアイドルとして君臨したミス・ワカナはそのファッションで常に話題をさらっていた。(右上)上海から南京へ向かう戦闘機上の林正之助と横山エンタツの勇姿。(右下)慰問先での記念写真。左から2人目はミヤコ蝶々。

（上）皇軍慰問わらわし隊出発。中央は吉本せい。（中）下関に向かうわらわし隊。車窓から金語楼、アチャコ、正之助、ミス・ワカナらの顔が見える。（下）大阪駅頭。いちびるアチャコ。

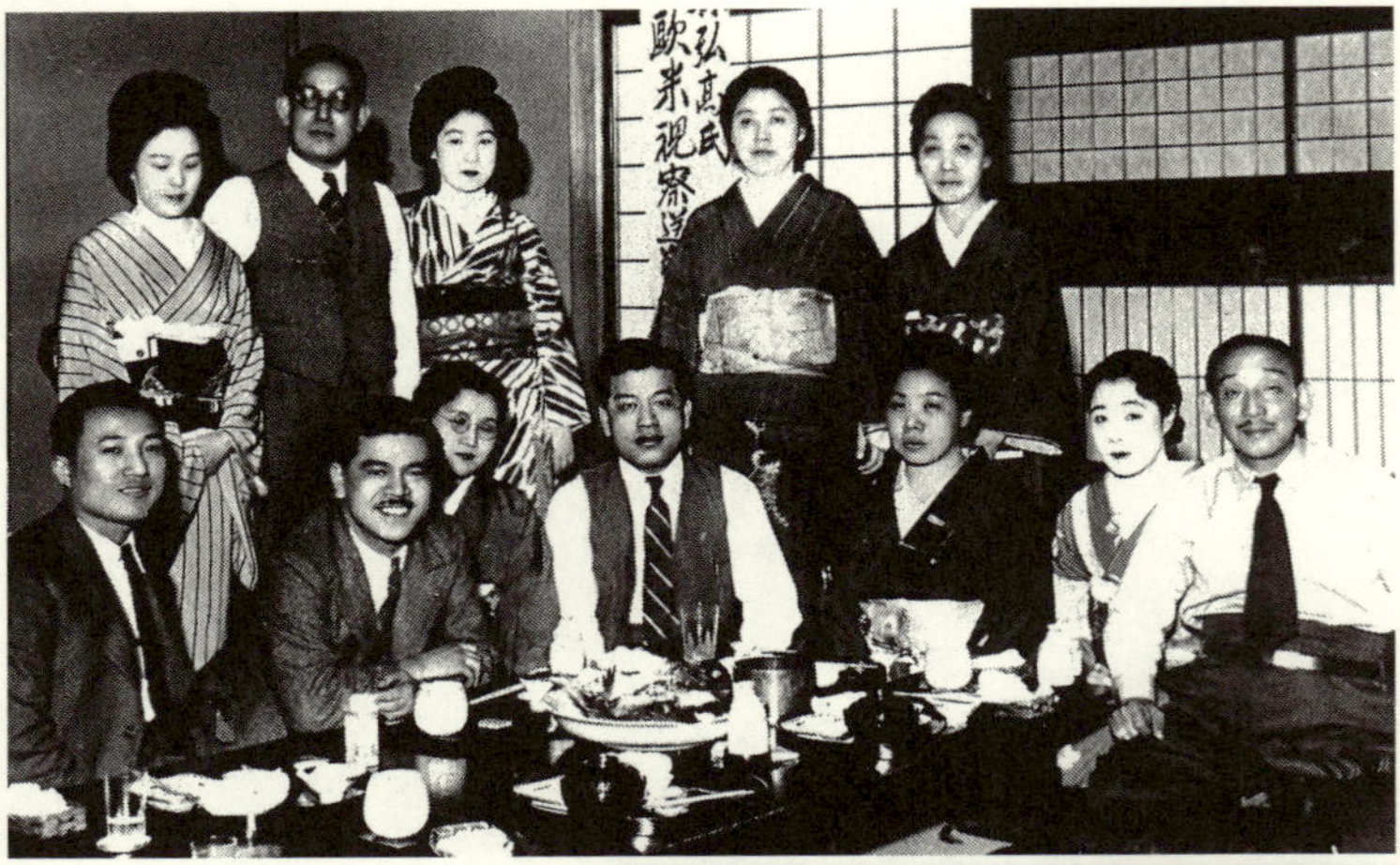

(上)林弘高欧米視察出発。前列在より２人目、林弘高。(中)話題を呼んだ外人タレント、テレル夫人と。(下)正之助のアルバムに収められていた日本のシャーリー・テンプルと呼ばれたマーガレット・ユニ（手前真中)。

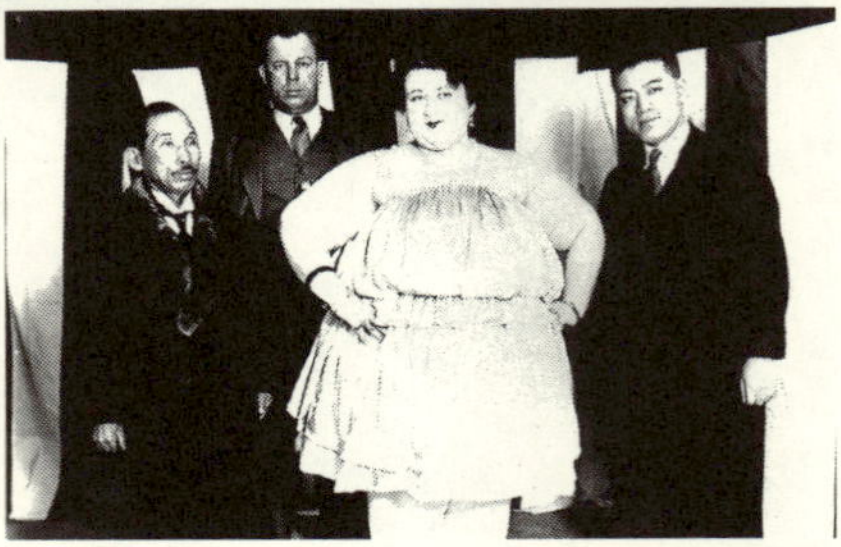

第五章

光と闇の中で

ＶＩＶＡ！　アメリカ映画からの快進撃

昭和二十年（一九四五年）八月十五日の終戦の日を会長はどんな気持ちで迎えたのだろうか。空襲によって寄席の大半を失い、芸人も花菱アチャコただひとりを残して散り散りになってしまった。アチャコだけはどう説得しても吉本を離れると言わなかった。会長への忠誠心のためだろう。

「遂に終戦、尚打ち続く虚無状態、極度の物資不足により、自然に演芸陣も解散していった。戦後は米軍の進駐によりアメリカ一色に塗り替えられてしまった世相を勘案し、映画（主として米画）興行を主体に行うべく昭和二十一年よりその名もグランド劇場として、逐次梅田、千日前、新世界にそれぞれ三洋画劇場をひらき、当時唯一のアメリカ映画配給元のセントラル・モーション・ピクチュア・エクスチェンジを通じ、蒔直し第一歩を踏み出した」（『吉本興業株式会社沿革』）

当時、どんな映画が封切られたのだろうか。

マッカーサーからの押しつけのアメリカ映画輸入のため、セントラル映画社（セントラル・モーション・ピクチュア・エクスチェンジ）が設立され、第一回封切り作品は

「キュリー夫人」「春の序曲」だった。当時の日本映画は入場料が最高三円だったのに対してアメリカ映画は十円と高かったが、アメリカ映画に飢えていた洋画ファンが殺到し、ジョン・ウェイン主演の「拳銃の町」「スポイラーズ」や、ハンフリー・ボガート、イングリッド・バーグマンの「カサブランカ」ほか「肉体と幻想」「疑惑の影」「南部の人」などが上映された。また「巴里の屋根の下」「望郷」「舞踏会の手帖」などのかつての作品、さらに「うたかたの恋」「大いなる幻影」など戦時中に上映禁止になっていた作品も公開された。

終戦から、うめだ花月で演芸を再開する昭和三十四年（一九五九年）までの十四年間、吉本興業は映画館経営をはじめ、面白いように様々な事業を手がけている。会社の資料からピックアップしてみよう。

まずは先に書いた洋画の三映画館経営以外に、千日前の常盤座と京都花月は邦画上映と実演、京都のヤサカグランドは指定席による米画上映を行なった。祇園に進駐軍向けのキャバレー、グランド京都を開いたのもこの昭和二十一年頃である。

暗黒時代の幕開けにふさわしい華やかさの中、吉本興業合名会社は、昭和二十三年一月七日、資本金六百五十万円の株式会社に改組した。会長に吉本せい、社長に林正之助が就いた。しかし、二年後の昭和二十五年三月十四日、せいは六十二歳で肺結核のために亡くなった。

その後の吉本興業の攻めは止まるところを知らない。「京都花月二階西側に喫茶ハッピーシップ開店」「神戸花月（映画館）オープン」「本社移転」「千日前グランド二階ロビー隅に喫茶グランド開店」「千日前グランド地下をパチンコ・アルファに賃貸」「新築梅田グランド地下に梅田花月（映画館）オープン」「梅田花月ロビー隅に喫茶ガルテン開店」「千日前グランド地下に喫茶パラカ開店」などが挙げられる。

この「パラカ」は喫茶といっても、今でいうライブハウスみたいなもので、ロックバンドが生演奏もしていたのだ。グループ・サウンズのブームはまだやって来てはいなかったが、東京のバンドのブッキングのために内田裕也とコンタクトをとっていたりした店だ。紙コップの中に、そのコップと同じぐらいの大きさの氷を入れてコーラを売っていたのもこの店だ。

そして昭和三十四年三月一日の演芸場、うめだ花月がオープンした後もこの勢いは止まらなかった。

「新築貸しビル、吉本ビル完成」「吉本ビル五階をポーラ美容室、日立サルーン・日立ホールに賃貸」「ときわ会館内にときわガン・コーナー開店」「京都花月を演芸興行館に」「千日前グランドを演芸興行館なんば花月に」「ボウル吉本を新築」「吉本ビル地下におしるこサロン、花のれん開店」「京都花月二階に串カツ屋、花びし開店」「ボウル吉本屋上にインドア、吉本ゴルフセンター開店」「ボウル吉本二階男子ロッカー室を改造しビリヤード吉本開店」「京都花月内にゲームセンター・オリンピア開店」「阪南町に泉南ボウル吉本を新築」「京都花のれん開店」「なんば花月西側に花月ゲームセンター開店」、そして大阪万博の年一九七〇年に「大阪蝋人形館」をなんば花月の地下に開店した。

この中で、大笑いさせてくれるのはやはり「蝋人形館」である。大阪北摂の地、千里丘において万国博覧会が催され、空前のお笑いブームが吉本興業にやって来た時、その花月の地下に蝋人形館があったとは何とも陰気な感じではないか。

仁鶴、三枝、やすし・きよしが大人気を博し、花月はもちろん大繁盛し、彼らはテレビやラジオでも引っ張りだこだった。そんな劇場の真下で、マリリン・モンローやチャップリンらが無口にジッと立ち並んでいたなんて異様な風景だ。

別に笑わそうとしてこんな事業をしてきた吉本興業ではない。真面目に企業を経営していたのだ。

“我等の意気は天を衝く”『吉本行進曲』

ここで良い機会なので、昭和十年頃に作られた社歌とも呼べる「吉本行進曲」を紹介しよう。

一、大衆娯楽の旗じるし
起ちて新興ヨシモトの
東に西にゆくところ
きけ大衆の支持の声
我等の意気は天を衝く
進め今日の先駆者よ

二、諸芸百華のヴァラエティ
粋を集めし精鋭の
技と熱との凝るところ
見よヨシモトの芸の園
百花は絢らん乱れ咲く
競え演芸豪華陣

三、娯楽日本のパイロット
我等は若き鷹の群れ
力をあわせ翔くところ
うたわんかなやヨシモトの
勝利のうたをもろともに
たたかえ明日の開拓者

お見事な歌詞である。時代を反映しているではないか。戦前の吉本の勢いを垣間見ることができるだろう。立派なオーケストラをバックにしたものでCDでも作ってみようか。時を乗り越えた吉本のプロパガンダとして今日、使うことは十分に考えられる。

　実はこの「吉本行進曲」の音盤制作、私が「ウィアー・ザ・ワールド」が流行った時に考えたことのあったネタでもあったのだ。

米兵さん、いらっしゃい。キャバレー『グランド京都』

一九四五年八月十五日終戦。

　早速、進駐軍の兵隊・ヤンキーたちは日本を占領にやってきた。本国から持ち込んだジープに乗り、右側の助手席に座った男は、長い片足を車体の外に放り出し、街中を走り抜けて行った。我が物顔で街に侵入してきたアメリカ兵に対して日本人は、

「ギブミー・チュウインガム」

「ギブミー・チョコレート」

「ギブミー・シガレット」

　とヤンキーを追いかけた。

食料・物資は完全に不足し、人々は飢えていた。口に入るものが何もないのだ。そんな日本人を前にアメリカ人はゲーム感覚で街を闊歩した。アベックを見つけては、チョコレートとその女の子を交換せよという。板チョコを見せて、三枚欲しいのか、五枚欲しいのかなどと声をかけてくる。

目の前が真っ暗だからこそ、人々は明るい明日を探した。といっても、現実は今、口に入る物を探していたのだが。

そんな時代、吉本興業も財産であった劇場のほとんどを失ってしまっていた。しかし、いち早く損害の軽微だった建物を修復し、映画館などとして戦後の復興を始めたのだった。

京都祇園にもアメリカ兵が酒と女を求めてやってきた。そこで彼らをウェルカムと待ち構えていたのは、なんと吉本興業の社員たちであった。

当時の京都花月の支配人市田進が、京都駐在の進駐軍に懇意にしてもらっていたことと、知り合いの置き屋のおやじの口添えもあり、米兵のための慰安所、キャバレーを作ることになった。

昭和二十一年（一九四六年）春、祇園の歌舞練場を祇園新地甲部座敷組合から十年契約で借り受け、その名も「グランド京都」という店を開いた。

ショウの構成、ダンサーやバンドの手配など、戦前から養ってきた興行師としてのノウハウとカオが吉本興業にはあった。

さすが会長だ、こういう時期に進駐軍向けの仕事を手に入れるとは、顔の広さと実力、そして運が強かったのだろう。

現在、吉本興業の最古参の保田洞は七十三歳。昭和九年六月に京都花月に照明係の見習いで入社以来、六十年近く会社に仕えている。吉本から出征し、戦後は京都花月やなんば花月の支配人も務め、今も新人の養成に当たっているバリバリの現役だ。

会長に文句の言えた、たったひとりの人であると同時に、最後まで会長の前で直立不動だった人だ。

保田は昭和二十一年五月帰還の後、農業でもするつもりでいたが、吉本せいと林正之助に呼び戻され、「グランド京都」の照明係を担当した。昨日まで中国大陸だ、南方だと命がけで走りまくっていた男が、帰ってみればいきなり敵だったアメリカ人の派手で華やかな世界を目の当たりにすることになった。

吉本せいに可愛がられ、林正之助にびびっていたから、保田は何の抵抗もなく戦後も吉本興業に復帰し、彼らの下で働くことになった。

ここには、滅多なことで日本人の飲める代物ではないビールが山ほどあった。大阪の吹田から運ばれてくるのだ。毎日毎日、何台ものトラックがやってくる。アサヒビールのラベルは貼ってなかったが「ある所にはこうやってあるもんやねんなあ」というのが保田の感想だったそうだ。

ホールでは「センチメンタル・ジャーニー」が流れ、「月の砂漠」や日本の童話がジャズにアレンジされた。進駐軍はダンサーたちと踊っている。天井からはミラーボールが吊り下げられ、青や赤の光が空の星のように輝いていた。日本人がクリスマス・パーティーというものを開くようになったのも、アメリカ兵向けのキャバレーから広まっていったということを記しておこう。

ホールには数百人が踊れる円形のダンスフロアがあり、その周りを取り囲むようにテーブルが並べられた。ひとつひとつのテーブルに置かれたスタンドの明かりは調光室からコントロールできたのだ。

ジャズバンドのリーダーとして日本一と誉れ高き中沢寿士のバンドもここに連日出演していた。

スローなダンスナンバーの後、ホールの中は半分ほどの明るさに落とされたスタンドの明かりと、ステージの薄暗いブルーのライトだけである。そして次の曲が始まる時、バンドの演奏に合わせて徐々に明転して行くのだが、その時に明かりがないと暗くて譜面が見えないと、バンドのひとりが言い、保田はバンドともめたのだ。

「音楽は芸術や」

「照明も芸術じゃ。譜面を見んと演奏できひんようなバンドはやめてまえ」

陽気なアメリカ人と日本人のダンサーたちが踊り、酒におぼれる世界の裏側では、みんな真剣に働いていた。働き口のない時代だったのだ。

今だから話せるということも多い。

「よくビールは抜き取って持って帰ったもんや。一時まとめてケースごと持って帰ったのがばれて、問題になったこともあったわ」

アメリカは戦争で日本に勝って、日本の領土を自分たちのものにしようとしてたわけだから、そんなことと比べれば、ビールをちょろまかしたことぐらい小さな小さなことだ。

美空ひばり、江利チエミ、雪村いづみが

昭和二十五年朝鮮戦争が始まり、アメリカ兵はまたもや戦場を朝鮮半島に移した。同じ頃、アメリカ兵向けのキャバレーは日本人向けのダンスホールへと変身していった。言えば今のディスコみたいなものである。若い男女はこぞってダンスホールに出かけたのだ。

この頃、グランド京都には美空ひばりも出演していた。昭和二十五年の松竹映画「東京キッド」（斎藤寅次郎監督作品）で、吉本の花菱アチャコや川田晴久らがひばりと共演したこともあり、やって来てたのだ。

天才少女、美空ひばりは譜面が読めなくとも、一度音楽を聞いたら、完全にその音が取れるというほどの耳の持ち主だったらしいが「もしこのキャバレーで彼女がジャズなどを歌っていたとしたら」と考えていたら、その店に行ってみたくなってきた。

しかし保田は、彼女の歌声の思い出よりも、ホールのミキサーがヒロポン中毒になり、マイクの調子が悪くなり、ひばりの母親にえらく怒鳴られた記憶がよみがえるという。

ちなみに江利チエミの父は戦前から吉本ショウでピアニストをしていて、江利チエミは昭和三十年にアメリカから帰国後、四人の黒人コーラスをバックに京都花月に出演。「ウスクダラ」「テネシー・ワルツ」などを歌った。こうした関係から会長は美空ひばり、江利チエミ、雪村いづみの「三人娘」と親しかったという。

またブギの女王、笠置シヅ子も吉本とは縁が深い。笠置シヅ子は吉本せいの次男で早稲田の学生だった吉本頴右と恋に落ち、ふたりは結婚したが、子供の誕生とともに頴右は病死。笠置シヅ子は長く悲嘆に暮れていた……。

このキャバレー、昭和二十七年一月に閉めることになり、当初の十年契約の違反ということで、補償費などをめぐる裁判沙汰に発展したという。

しかしこの店が繁盛したことにより、吉本興業は戦後を乗り越え、映画館の隆盛などと共に現在のエンターテインメントの総合商社の基礎を築いたといえる。これも進駐軍が毎晩浴びるようにしてビールを飲んでくれたからかもしれないと私は考える。

力道山の空手チョップ

吉本興業が力道山に逆水平空手チョップを振り回させていたことを知る人は少ない。現在の吉本興業があまりにも漫才や吉本新喜劇などのお笑いだけで有名になり過ぎているからだろう。

吉本興業八十年の歴史の中で、この三十年間は殆ど「お笑い」でインパクトを与え続けており、いわゆる「寄席演芸」が経営の中心のように映るかもしれないが、実はその時代その時代に応じたエンターテインメントに手を伸ばし、それをうまく商売につなげていくという企業なのである。

今、アントニオ猪木の率いる新日本プロレス、ジャイアント馬場の率いる全日本プロレスを頂点に八つも九つもの団体がひしめき合うプロレス業界ではあるが、実は草創期における吉本興業の存在を忘れてはならない。

そこで力道山である。一九五四年にアメリカからシャープ兄弟を招聘し、二月十九日、蔵前国技館から全国に放送されたテレビ中継ではなんと新橋駅西口広場に二万人以上の人々を集めた。それらの街頭テレビを一目見ようとして集まった人たち全員を狂喜させ、興奮のるつぼに陥れた。力道山は時まさに日本のテレビ界の幕開けにふさわしい「ソフト」として登場した人物である。

本名・金信洛、日本名・百田光浩である力道山は現在の朝鮮民主主義人民共和国の出身である。日本の相撲のような「シルム」という格闘技をやっていた彼は来日させられた一九四〇年、二所ノ関部屋に入門した。

その後の波瀾に富んだ相撲界での活躍はここでは省略する。体調を崩したこともあり、大関を目の前にして一九五〇年九月十一日に自ら刺身包丁でまげを切って大相撲廃業を発表する。

そして贔屓筋であった新田建設社長、後の明治座社長にもなる新田新作氏、次いで浪曲界を一手に仕切った稀代の興行師・永田貞雄氏をスポンサーにつけることによって念願のプロレスラーへの道が開かれることになるのだ。

そしてここで、彼らふたりと共に日本のプロレス興行界の草創期に助言し、助力し、絶対的な発言権を持ったのが林正之助・弘高の兄弟である。

力道山は大相撲廃業後、新田建設の資材部長兼現場監督の職についたが、持て余す力をぶつけるものを探し続けては毎晩酒を飲んでストリートファイトをし続けていた。

一九五一年九月のある夜、ナイトクラブで喧嘩をした相手が日系二世のプロレスラー、ハロルド坂田であり、これが運命の出会いとなるとは誰ひとり考えもしなかった。真剣にプロボクサーになろうと考えていた力道山が「プロレスリング」という言葉を喧嘩相手の米人青年将校から聞いたのも、その夜のことであった。

この夜、自慢の張り手はいとも簡単にかわされ、逆に腕をねじ上げられるという今までにない屈辱を力道山は味わった。彼は格闘家としての血がまたまた沸き立ったのか、ハロルド坂田ほか、外人レスラーたちが稽古をしている道場に通うようになった。

そうして早くもその年の十月二十八日、両国メモリアルホールでプロレスのデビュー戦を飾った。この日の結果は師匠でもあるボビー・ブランズと十分一本勝負を時間いっぱい闘い、引き分け。翌十一月十八日もオビラ・アセリンと闘い十分一本勝負を引き分けた。

この頃プロ柔道家の遠藤幸吉も合流し進駐軍のキャンプ回りが続く。もう完全にプロレスに魅了されてしまっていた力道山は、アメリカに渡って本格的な修業を積んでみたいという思いがつのるばかりだった。
「プロレスの本場で修業を」と念願していた力道山にチャンスが回ってきた。一九五二年一月、永田貞雄氏が贔屓にしていた横綱・千代の山の慰労会の席で吉本株式会社社長・林弘高、日本ドリーム観光会社社長・松尾国三らと出会ったのである。

筋書きは出来ていた。この席で力道山がアメリカ行きを望んでいることを発表し、皆でそれを応援しようというもので、二月一日に目黒の雅叙園で歓送会も開くことにもなった。招待客は政財界から芸能界、相撲界にも及び、新聞社の多くも取材に訪れた。出発は二月三日というスケジュールで、資金集めも順調に進み、多くの人に見送られながらパンナム機でハワイへと向かった。

まずハワイで預けられた先は日系人の元プロレスラー沖識名のところである。後に日本のテレビ放映の中でいつも無法な外人レスラーにシャツを引き裂かれるレフェリー役のあの人である。

そこで本格的なトレーニングを続け、早くも二月十七日にはチーフ・リトル・ウルフと闘い、その後連戦連勝のままホノルルの人気者へと成長していった。同時に力道山はプロレスの興行形態をつぶさにチェックし、入場料は全部でいくら、ギャラを払うといくら残る、興行税はいくら、小屋主の取り分は何パーセントだとかのデータを集め、実業家としてのセンスも見せ始め、また磨き始めていた。

そうして六月九日にはサンフランシスコに渡り、その地においても無敵を誇り、アメリカ本土での名も上げた。その上にＮＷＡ（全米レスリング同盟）から「日本での興行には外人レスラーの派遣も含めて全面的に力道山を支援する」というお墨付きももらい一九五三年三月六日、力道山は帰国した。

羽田空港の歓送迎デッキには「お帰りなさい力道山先生」「祝凱旋　力道山先生」と横断幕が上がっていた。これは吉本興業の押山保明宣伝部長のアイデアだった。

シャープ兄弟を叩きのめす姿に勇気づけられた若者たち

翌日、新田建設の社長室には主役である力道山を中心に、永田貞雄、林正之助、林弘高らが集まった。そうして七月三十日には「財団法人　日本プロレス協会」が設立された。この日が来るまでに情報通の林弘高が「プロレスがアメリカで大変受けてるらしい。永田さん本気でやりませんか、面白いかもしれませんよ」と日本でのプロレス興行の将来性を語っていたことも忘れてはならない。

戦前にはマーカス・ショウを日本に招聘し、「ショウ」という言葉までも定着させた吉本である。またプロ野球（職業野球）が日本で始められる前に「これは商売になるとアメリカから聞こえてきましたで」と言ったのも林弘高である。ひょっとしたら読売新聞が作った読売巨人軍は「吉本巨人軍」だったかもしれないほどのセンスは持ち合わせていたのだ。

実際、林正之助が読売巨人軍の株主になっていたこともある。吉本にはいろいろな情報が集中してくる上に、それらの商売上の良し悪しを判断する実力があったのだろう。

この林弘高の言葉が引き金となって、いよいよ永田らはプロレスの興行に乗り出すようになっていくのである。

まず最初のビッグマッチが柔道家の木村政彦とタッグを組んでシャープ兄弟の持つ世界タッグチャンピオンに挑戦するというものだった。日程は一九五四年二月十九日、会場は蔵前国技館である。

スポンサーには八欧電機（ゼネラル）がつき、日本テレビとＮＨＫ（初日のみ）が中継を決めた。実は最初は日本テレビの独占の予定だったのだが、ＮＨＫは吉本興業サイドを突いて強引に放送権を手に入れた。

宣伝の方は元東宝映画宣伝部長の吉本興業押山宣伝部長によって着々と進められ、後援に毎日新聞社がついた。

当日会場には一万二千人の入場者があり、入場券はダフ屋が五倍もの値段をつけたにもかかわらずソールドアウト。入場出来ない人たちが会場の周りを取り囲んだ。街頭テレビの前に集まった人数は千四百万人だという発表も出た。誰が勘定したのだろう。

テレビはまだ一九五三年に放送が開始されたばかりの時代である。人々は力道山が空手チョップで外人を蹴散らす勇姿を一目見たいと街頭テレビの前にやって来た。電柱や塀に上ってテレビを見ようとしてケガ人が多数出たので、テレビのアナウンサーが放送の中で「電柱や塀に上らないで下さい」と注意したほどである。

この蔵前三連戦を皮切りに十七日間十四試合のロードを回ったが、どこも大入り満員であった。占領下に置かれた日本人の不満が力道山の空手チョップに乗り移り、このシャープ兄弟をバッタバッタと叩きのめす姿に若者たちは勇気づけられたのである。また興行収入の方も歴史に残る、八千万円という記録を樹立した。

クールに興行を見つめ、クールな判断をする林正之助

これに気を良くした面々は早速、同じ年の五月「日本プロレスリング興業株式会社」を興し、社長に新田新作、取締役に永田ほか林正之助、林弘高などが名を連ねた。いよいよビジネスになるということで勢いがつき始めたわけだ。

「シャープ兄弟の時は力道山に頼まれてタッグを組んだが、真剣勝負なら絶対に負けない」と木村政彦。力道山対木村政彦。十二月二十二日「昭和の巌流島」と名づけられたふたりの対決は賞金総額三百万円、蔵前国技館で行なわれることになった。試合は六十分三本勝負。結果は十五分四十九秒木村のリングアウト負け。そのまま木村は試合不可能になり、ドクターストップで力道山がＫＯ勝ちというものだった。

また翌一九五五年には元横綱の東富士がプロレス界入りを果たした。早速力道山は

東富士を連れ三月二十七日ハワイへ飛んだ。帰国は七月二日。ふたりをタラップの下で待ち構え「ご苦労さん」と手を差し出したのは林正之助である。数々の名勝負をセットし、また新たなスター誕生の前夜といったところだろうか、プロデューサー正之助から直接のねぎらいの言葉である。

しかし元横綱という人気は大変なものであったが、東富士の人柄の良さや真面目さがいまひとつリング上のファイトにつながらず、一九五七年春、突然引退してしまうのである。この頃からプロレス興行に翳りが見え始め、永田をはじめ林兄弟もプロレスに興味を失い始めた。商売上のことだけでなく、力道山とスタッフ間の関係が悪くなってきたこともひとつの要因であったようだ。

「日本プロレスリング協会」そして「日本プロレスリング興業株式会社」を共に作ったメンバーたちが力道山と手を切ることを決めたのだ。いつもクールに興行を見つめ、クールな判断力を持つ林正之助が率先して……。

吉本興業がプロレス興行を打っていたことは社内で語られることは殆どなかった。しかし、これは紛れもない事実である。

保田洞がその証人だ。彼は大阪府立体育館での三日間連続興行の手伝いにも駆り出されたのである。

「当日券売りをやらされて、臨時に作った電話ボックスみたいなブースに入ったら、それが人波に押され会館の前をあっちへ行ったりこっちへ行ったりしたもんやった。確かリングサイド席は千円、二階の立ち見でも三百円ぐらいした。一万二千人ぐらい詰め込むもんやから、中には天井の鉄骨にぶら下がって見てるヤツもおった」とかで、これは万博時やマンザイブームの頃の花月の場内を彷彿させるものがある。

当時はここら辺、F組の縄張りで、頼みもしないのに警備を手伝いに来て、二十万円で組員全員が出てきて会場のガードをしてくれてたそうだ。

「放っといたらあいつら無茶しよる。キップのもぎりの所に行って、入場する人のキップを受け取っては、もぎらんとそれを表に持っていって売りさばいて来よんねん。注意したら今度は場内で〝席の御直り〟や言いながら、勝手に金を取ってええ方のブロックに入れよる」

そんなことでプロレスの現場の仕切りが一番達者な保田は、京都のアリーナや扇町プールでの水上プロレスの段取りもすべて任されるようになったのである。

「売り上げが無茶苦茶たくさんあって、それを一斗缶やドンゴロスの袋に入れては、現金を足で踏んで詰め込むねんけど、入り切れへんから自分のポケットにも詰め込んだ者もおったよ」

会場の表がそうならば、一方リングの上では林正之助が、トロフィーを高く掲げた力道山のもう一方の手を高々と持ち上げていたのである。

なお余談であるが、保田洞は後日、これをきっかけに顔見知りとなった、後の山口組三代目組長・田岡一雄から京都花月で自慢げにピストルを見せられ、珍しいやら怖いやら、一応持たせてもらったが、「かたぎの前で、こんなもの見せるな」と一喝してやったことがある。

ちなみに山口組二代目組長の山口登は神戸で事務所開設の際、吉本せいに神戸の小屋の一部を借りて、それを永く恩義に感じて、事あるごとに吉本に尽くしてくれていたという。ありがたいやら、怖いやら、複雑な気持ちで昔の社員は彼らに接していたという。

力道山は起死回生のためにアメリカに渡った。NWA世界チャンピオン、ルー・テーズとの世界タイトル選手権試合を日本で開く契約のためだ。アメリカでもビッグプロモーターで名の通っている力道山だ。

テーズの来日を決め、その上に日本テレビで金曜日のゴールデンタイムにレギュラー枠も手に入れた。テレビは三年前と比べ普及率が二十倍になり、テレビ放送と共に歩む「力道山プロレス」にとってテレビは不可欠のものであったのだ。十月六日が雨のため一日延期となったテーズ戦、テレビのレギュラー枠を手に入れたと同時にそのシリーズは永田貞雄、林正之助、林弘高ら三人との最後の興行であった。

第一戦は後楽園球場に二万七千人を集め、結果は引き分け。第二戦は十月十三日。大阪扇町プールに三万人を集め、またもや引き分けの試合。この日が彼らの別れの日となった。

つながったアントニオ猪木、花月でのプロレス興行

いつかは詳しく知りたいと思っていた「吉本興業」と「プロレス」のつながりだが、それを調べる以前に私はなんとプロレス興行に走ってしまっていたのである。両者の関係を何も知らないまま、私は私の生まれる前にイメージがトリップし、「吉本興業」

が「プロレス」を楽しんでもらうということを企てていたのである。

時は一九九〇年春、アントニオ猪木率いる新日本プロレスが大阪府立体育館の試合を前にプレイベントをやろうという話が持ち上がった。私は即、心斎橋筋2丁目劇場を押さえた。中身は吉本の若手の実験劇場でやるのだから、推して知るべし、プロレスラーたちと吉本の若手たちのオチャラケ合戦。ゲームとトークの夕べである。

しかしこの後、なんともおかしな話が出てきたのだ。新日本プロレスのリングアナウンサーで興行部（吉本で言うと制作部プロデューサー）の田中秀和（通称ケロちゃん）が「一度花月に出たい」と言い出した。彼と私は同い年、彼の出身は神戸ということでよく似たイチビリ青年である。

「ではプロレスを花月の舞台でやれませんか」

「花月でプロレスができるんですか」

「もちろんです」

即決である。ここはプロデューサーとして（いや興行師と私自らを名乗ろう）動員力があり、若者が歓喜する「プロレス」という素材を放っておいてはいけない。これも花月の送り出すネタのひとつであってもいいはずだ。

ただひとつ危惧したことがある。花月は世界のエンターテインメントの殿堂と名付けられる三百六十五日無休のゴールデン寄席小屋だ。果たして「プロレス」が自ら、それを認めてくれるのだろうか。

しかし答えは容易に出た。アントニオ猪木からだった。

「我々プロレスラーは四角いリングと闘う相手がいれば、どこででもプロレスはやります」

どちらも話が早い。「シアタープロレス　ＩＮ　ＮＧＫ」と名付けられた一方向からのみ、コンサートやミュージカルを観るが如き見せ方のプロレス興行が決まった。舞台と客席の関係を完全に作り、プロレスを客前に提示したものである。

日時は七月二十九日午後七時開始。開演でなく開始であるのがプロレスらしくてよろしい。ＮＧＫシアターでは初の一席一万円の指定席のチケットが瞬く間に売り切れた。当日は会場の入口にバニーガールを用意し、試合は三試合だけ。場外乱闘では舞台に備えつけのマイクが一本ブッ壊されるというオマケもついたが、それも良しとしよう。そしてなんとしても実現出来て嬉しかったのがアントニオ猪木を舞台に上げられたことである。それも花月的な処理の中においてである。というのは舞台暗転の後、吉本新喜劇のセットで国会議事堂を建て、西川きよし、アントニオ猪木の国会対談をやれたことである。

しかしこの興行で、私があのアントニオ猪木を巻き込んだんだと自負していたら、逆にアントニオ猪木は、私とこの日、舞台で共演した河内家菊水丸を湾岸危機高まるイラクのバグダッドにまで連れていってしまうほどの逆転技をかけてくれた。さすが世界チャンピオン、彼のテクニックに私は墜とされた。

十年かかった演芸王国の復活

時は流れ、昭和三十四年（一九五九年）、いよいよ戦後十数年ぶりに演芸再開の時が来た……と書けばカッコイイが、それはいかにも吉本らしい現実主義によって始まった。

戦後、映画館経営、プロレス興行、それに戦前から細々と続けていた地方巡業中心の移動演芸配給などと、ほとんど自ら制作を行なわずにやってきていたが、ここに来て映画入場者数は落ち始めた。プロレス興行とも訣別し、興行収入が下降線をたどり始めたのである。

「昔に帰ろう」そう言ったのは橋本鐵彦（前社長・前監査役）だった。

「我々は映画で苦戦しているが、演芸なら何でも心得ていて、やれるじゃないか」

だが橋本はその意志をすぐには正之助には伝えなかった。正之助がいつの時も用心深いことを橋本は十二分に知っていたし、そのうえ独裁的な経営者でもあったからだ。しかし「演芸再開の気持ちを持って当たれば、正之助もわかってくれる……」と確信はしていた。

しかし、肝心の芸人はどうするか。それが問題だった。吉本には花菱アチャコただひとりしか芸人がいない、これでは正之助がウンと言うわけがない。

橋本はそのつてを浅草に求めた。奇術のアダチ竜光、落語の小円馬、漫才の天才・秀才らは誘いに応じてくれたが、ほかの芸人たちは「大阪になんか出ることはないよ、大阪に行ってもしょうがないよ」と申し出を拒んだ。そのため寄席を構成するにはプログラムの本数が足りず、演芸再開は無理かと思われた。

その時「それじゃヴァラエティを作ろう」と考え出したのは橋本だった。

「ヴァラエティにすれば、歌でも浪曲でも漫才でも何でも入れられる。時間も十分作れる」

そして橋本と前社長の八田竹男（一九九一年八月六日死去）と共に演芸再開の野望を正之助に申し出た。しかし正之助は「そんなことをして失敗したらどうするんだ」となお慎重な態度を崩さず、反対した。

「もし失敗したら、キミ責任を持つか？」

「しかし社長、吉本は昔のように合名会社ではなく、今は株式会社ですよ。株式会社といえば責任者はアンタだ」とふたりは詰め寄り、正之助を寄り切った。

こうして「吉本ヴァラエティ」はスタートしたのだった。

大阪の民放テレビ局は昭和三十一年十二月大阪テレビ（後の朝日）、三十三年八月に読売、十一月に関西、三十四年三月に毎日と順に開局するが、吉本は毎日放送の開局に合わせてうめだ花月劇場をオープンさせることにした。

戦前は春団治のＮＨＫの無断出演の一件でラジオという媒体との対立を経験し、その後メディアとの共存共栄のノウハウを身につけた吉本だ。ここはテレビというニューメディアとのドッキングからスタートさせることにした。

この時現場で不眠不休で走り回ったのが、八田竹男と現社長の中邨秀雄である。八田はこのこけら落としの「吉本ヴァラエティ」の放送権をまるまる毎日放送に渡すことにした。これは現在も「吉本新喜劇」の名で毎日放送で放送され、またSVN（スペース・ビジョン・ネットワーク）というケーブルテレビにも供給されているものである。

観客の入りが不安定な興行よりも、ソフトを作って売る、そのソフトのための生ものの芸人を作るところから仕事が始まった。

「制作、配給、興行の一体化」に橋本は吉本の企業としての明日を見出した。またそんな先見性がここにあり、またそう思ったからこそ、それに全身全霊をこめて劇場作りに精を出せたのだ。

昭和三十四年三月一日、うめだ花月開場。一日三回興行入れ替えなし。午前十一時開場。入場料は百五十円。

こけら落としの番組を紹介しよう。まず「吉本ヴァラエティ　第一回公演　アチャコの迷月《めいげつ》赤城山」の出演者にはアチャコのほか佐々十郎、大村崑、芦屋小雁、中山千夏らが名を連ねた。そして唄子・啓助、七五三・都枝、サクラ・ヒノデ、ワカナ・一郎、蝶子・五九童、茶目・玉章、一陽斎正一、林家染丸の面々で幕を開けた。

語られることが少ないが、この「吉本ヴァラエティ」の制作に手を貸したのが花登筺《こばこ》である。後に根性ものテレビドラマ「細腕繁盛記」や「どてらい奴」などの大ヒットを飛ばした彼は、当時「笑いの王国」という喜劇の劇団も主宰していた。彼らのホームグラウンドだった北野劇場が閉鎖するという噂を聞き、八田は彼を誘い込んだのである。彼の尽力のお陰でこのヴァラエティが作れたのである。

しかし演芸帝国・吉本の名を欲しいままにするにはまだ時間がかかった。決して動員はよくなかったのである。正之助は「あんまり流行れへんかったら、パチンコ屋にでもしてまえ」と檄を飛ばした。

実際、昭和三十年代から四十年半ばまでは道頓堀角座を本拠地にする、松竹系の独壇場であったのだ。

吉本よりも早く、昭和二十二年九月、松竹は映画館「戎橋松竹」を寄席に切り替えていたのだ。翌二十三年四月には関西演芸協会も結成されていた。これらを元にすることで昭和三十三年五月、角座は吉本より一年早く映画館を演芸専門館に改造し復活していた。この時点では吉本より先見の明があったのだ。そう出来たのは、吉本とは違い、系列の芸人が多くいたこともある。

「後発であるだけに、思いっきり走るしかない。名もなき芸人ばかりでいい、芸で勝負しようとせずにウチはドタバタで勝負や」と八田は言った。

うめだ花月は確実に動き始めたのだ。

生きのいい芸人が少しずつだが集まりはじめた。ベイビーとあだ名された白木みのるもやって来た。ボーイソプラノの彼は歌手志望だった。芦屋雁之助もうめだ花月開場一か月後ぐらいから主演をやっている。現在シャレで「明石家さんまの師匠」と名刺に刷り込んでいる笑福亭松之助も昭和三十四年入社組で、五代目松鶴の弟子であるが、喜劇役者のセンスがある上に台本作家としても優秀であった。

あと同時期に吉本に入った者には、花紀京、平参平、白羽大介、岡八郎、藤井信子、桑原和男、ルーキー新一、原哲男、前田五郎、財津一郎、山田スミ子、西川きよし、坂田利夫らがいる。

この後、花月は大阪に万博景気がやって来る昭和四十五年頃まで苦戦し続けた。その間、経営的に会社を引っ張ったのは、現在の吉本会館が建っている場所にあったボウル吉本の成功である。それまでの十年間は、吉本の若手が育つための時間と考えることが出来る。それは仁鶴、三枝、やすし・きよしらが時代のファッションとしてとらえられるまで、そして花月劇場が成長するまで十年かかったという意味である。

西日本最大！「ボウル吉本」の成功

昭和三十四年（一九五九年）にうめだ花月の開場で吉本は戦後の演芸復活宣言を行ない、つづいて昭和三十七年六月一日に京都花月を、三十八年七月一日に千日前グランドの両映画館を演芸専門館に切り替えた。千日前グランドは梅田、京都にならい、その名もなんば花月と名づけられた。そのうちにまだ名はないが、若くて元気のいい芸人が育ち始めた。

また吉本興業の本社も昭和三十五年十二月に新築していた心斎橋筋二—二四—一の吉本ビルの中に移転した（三十八年八月八日）。

ところが昭和三十八年五月二十一日、正之助は持病の糖尿病にぼうこう疾患を併発させたため、切開手術を余儀なくされ、阪大病院に入院することになった。そこで実弟の弘高を東京から呼び戻して、彼に社長職を譲ることになった。

昭和三十八年九月、二十八年以来本社のあった南区河原町一—一五一四（現在は本社は中央区難波千日前一一—六）は一大ボウリング施設とするべく工事に入った。このアイデアは戦前のマーカス・ショウ、プロ野球、戦後のプロレスなど、その当時他に類を見ない娯楽ものの情報をいち早く入手し、実行に移していった弘高のものだった。もちろんこのネタのヒントはアメリカにあった。ボウリングは十本のピンを転がした玉で倒すゲーム。男子プロボウラーだけではなく、女子プロボウラーも登場し、子供も年寄りも一緒にできるスポーツとして流行してきたのを日本に持って来たのだ。

ボウル吉本の総工費は七億円を越え、敷地は千坪にも及ぶ。ＡＭＦ五十八レーンの規模は西日本随一を誇るものだった。オープンは昭和三十九年（一九六四年）四月十五日、この年は東京オリンピックの年でもあり、人々はスポーツに熱を上げていた。

当時、どこのボウリング場も大繁盛で、ゲームをするのに二～三時間待ちがざらだったが、ボウル吉本は千日前という絶好の地の利の上にあり、断然群を抜く業務成績を上げていた。

流行り物には鼻が利く弘高はこういったセンスをものにした経営方針でいたが、正之助不在の間、人事の上では若干のぎこちなさがあったことは事実である。

また昭和四十年七月一日にはボウル吉本の屋上に工費五千万円、専用直通エレベーター付きの五十ヤード・十七打席のインドアゴルフセンター「吉本ゴルフセンター」もオープンさせている。商魂たくましいというか、よくできた合理的な会社だ。

昭和四十年から四十一年、私が小学校低学年の頃、日曜日になんば高島屋へ行くのが楽しみのひとつだった。父親の運転する車を千日前の道具屋筋の南の方に置くことが多かったので、高島屋へ向かう時、自然とこのボウル吉本の横を通ることが多かった。ちょうど今のなんばグランド花月の入口の側からボウリング場の中の様子が見えており、ガラス窓からいつも中をのぞいていた。

現在、道具屋筋の入口にある薬屋も、その前のタバコ屋も、そのはすかいのおもちゃ屋も当時のまま商売を続けている。そんな風景が大阪のど真ん中に残っているだけでも懐かしいようなけったいな気分になるもんだ。まして中をのぞいていたボウリング場を経営してた会社に勤め、またその場所に本社が越して来て、今日ではその中で働いているとは何とも言えない気持ちである。

私が吉本に入社する前、昭和四十八年十一月、十二月には二フロアあったボウリング場の一階部分は駐車場とゲームセンターに姿を変えた。ご存じの通り、ボウリングブームが去ったのである。四十九年二月には吉本ゴルフセンターも閉店している。ここはどうもオンボロになったため取り壊したようだが。

その後、ボウル吉本は昭和六十一年に吉本会館建設のために取り壊すまで経営し続けられたのだが、歴史とはおかしなものである。このボウリング場が閉鎖される二～三年前にまたまた小さなボウリング・ブームが訪れたのである。待ち時間が出るほどの人気であった。もちろんその頃、大阪市内でボウリング場を探すのが大変だったこともあるが。

ところで我々社員がここの施設を利用する時には、ゲーム代はマケてもらえず、貸し靴代だけをオマケしてもらったことも思い出した。それと風の噂に聞いたものだが、ボウル吉本にあったボウリングの機械類は閉鎖後、東南アジアに輸出されたらしい。

第六章

蘇る王国の栄光

花ざかりの六〇年代――仁鶴、三枝、横山やすし、西川きよし

淋しい雑木林の中の荒れ果てたお堂。中で寝ていた渡世人が現われる。そこへ敵の刺客が斬りかかり、派手な立ち回りを演じて、刺客を倒した渡世人が見得を切る。

「泉州は信太の生まれで、姓はあんかけ、名は時次郎。人呼んであんかけの時次郎。俺がこんなに強いのも、当たり前田のクラッカー」

藤田まこと扮するあんかけの時次郎がお堂の扉を開いた時、一九六〇年代、日本のテレビ・エイジがその扉を開いた。

うめだ花月がオープンし、「吉本ヴァラエティ」がアチャコ、大村崑、芦屋小雁、佐々十郎、中山千夏らの出演した「迷月赤城山」で幕を開けた昭和三十四年（一九五九年）、大阪の民放テレビがほぼ出揃い、また四月の皇太子ご成婚式典によってテレビの売れ行きが急増した。

現在、吉本興業の広報マンを務める私だが、実はこのうめだ花月オープンのひと月前の二月六日が私の誕生日なのである。何か運命めいたものがあると、考えることにしておこう。

ということはギリギリ、テレビ世代に含まれる年代であり、やはり私も例にもれず子供の頃からお笑いの洗礼を受けているのである。

小学校に行けばやはり「てなもんや三度笠」の蛇口一角に扮した財津一郎のギャグを真似て「してちょ〜だい」なんて言っており、前田のクラッカーに付いてたコンソメスープも飲んでいたもんだ。

昭和三十四年、吉本は毎日放送と提携し「吉本ヴァラエティ」の舞台中継を開始したが、テレビのお笑いで一歩リードしていたのは大阪テレビ（現在の朝日放送）だった。

大阪テレビは吉本にも新興（松竹系）にも属していなかった中田ダイマル・ラケットと専属契約を結び、ダイマル・ラケットは「スチャラカ社員」でたちまちトップスターに躍り出た。続いて大阪テレビから人気を得たのが「やりくりアパート」の大村崑、佐々十郎。

そして昭和三十七年五月に同じく大阪テレビ、藤田まこと主演「てなもんや三度笠」の放送が開始され、これも全国制覇を果たした。「てなもんや三度笠」は少しタイトルを変えながらも昭和四十三年三月まで三〇九回続いた。

しかし毎日放送も翌、昭和三十八年（一九六一二年）大村崑、佐々十郎、芦屋小雁、芦屋雁之助の「番頭はんと丁稚どん」で全国に大阪の笑いを振りまき、またこの年、「吉本ヴァラエティ」の人気も急上昇した。

しかし、この年、六十四歳を迎えた正之助は闘病生活のため第一線を退き、小屋に姿を見せることはなかった。

が、しばらくして新世代の芸人、笑福亭仁鶴、桂三枝、やすし・きよしが入社し、人気のきざしを見せ始めた。

笑福亭仁鶴、本名岡本武士。昭和十二年一月二十八日大阪生まれ。何気なく手に入れた初代・桂春団治のレコードを聞いて落語家になろうと決意し、昭和三十六年四月、六代目笑福亭松鶴に入門。師匠は松竹芸能に所属していたが、仁鶴は自分の持つキャラクターやギャグ性をかんがみて吉本入りを決めた。昭和四十二年、ラジオ大阪「大阪オールナイト」、朝日放送ラジオ「仁鶴頭のマッサージ」などの深夜放送で大人気になる。

私がまだ小学校に行ってる頃、朝日放送テレビの午後六時から十五分間の帯番組「仁鶴と遊ぼう」は、それはもう毎日毎日が楽しみでしようがなかった。またテイチクから出したシングル盤「おばちゃんのブルース」「大発見やァ」なども大ヒットした。

桂三枝、本名河村静也。昭和十八年七月十八日堺生まれ。昭和四十一年十二月、桂小文枝に入門。昭和四十二年、毎日放送ラジオ「MBSヤングタウン」、昭和四十四年七月、毎日放送テレビ「ヤング　OH!　OH!」の司会などで大人気者になる。お笑いタレントのアイドル第一号。

横山やすし、本名木村雄二。昭和十九年三月十八日高知生まれ。昭和三十四年三月十六日、秋田実に入門。一番最初は堺正スケ・伸スケの名でデビュー。約二年でコンビを解散し、横山やすし・たかし（現・横山プリン）のコンビを組む。続いて二代目たかし（現レッツゴー三匹・正児）と組み、その後が西川きよしとのコンビである。本人によると、身上は桜の花のように、性格は平和主義者であり闘い事を好む、とのこと。いくつかの事件を起こした後、吉本の有史以来の解雇処分者。

西川きよし、本名西川潔。昭和二十一年七月二日高知生まれ。昭和三十七年、石井均に入門。昭和三十八年四月一日、吉本新喜劇の研究生になる。吉本新喜劇の中では通行人や店員、熊の縫いぐるみの中に入っていた。芝居の中ではさえないままの役でいたが、先輩の勧めもあり横山やすしの四人目の相方としてコンビを組む。初舞台は昭和四十一年六月一日。ふたりのスピーディな漫才は解散した今も、ナンバーワンと言われている。

昭和四十五年（一九七〇年）大阪千里で開かれた万国博覧会によって花月は連日大入り満員であった。もちろんそれは仁鶴、三枝、やすし・きよしらの人気による動員であり、またこの年に間寛平も吉本新喜劇に入団し、木村進（現・博多淡海）との名コンビで吉本新喜劇も新時代を築き始めたのであった。

この第一期お笑いブームと言われるさなか、昭和四十四年五月、正之助が会長に就任し、翌四十五年五月、社長にカムバックを果たした。しかしそれと入れ替わるようにして弘高が昭和四十六年六月、喉頭がんのため死去する。享年六十四歳。

オモロイやつがアイドルだ

私が小学生の頃、七〇年大阪千里万博の頃である。テレビや漫画を見たら、よくもてる男の子は殆どが頭が良くてスポーツマン・タイプと決まっていた。大人で言えば加山雄三みたいなのに人気があった。

しかし大阪は違っていた。人気者は面白いことを言う男の子なのである。昨日見たテレビの話題に始まり、流行歌の替え歌作りやものまね、ギャグやジョーク連発が学校のアイドルだった。

クレージーキャッツの「ガチョーン」やゲバゲバ90分の「アッと驚く為五郎」より、財津一郎の「～ちょーだい」（今のチャーリー浜の「～じゃあ～りませんか」ぐらいによく使用した）や笑福亭仁鶴の「どんなんかなぁ」に始まり「うれしカルカル」「よ～やる」などと、ちゃんと話の中で前後左右脈絡のあるものを好んで使ったものだ。

〝一発芸〟とはよく言ったものだ。最近では少しは減ったが、当世のテレビの素人参加番組ともなれば高校生や大学生などは殆どこの方法を用いる。それが物真似や形態模写であっても、たいがい「ちあきなおみの○○とか」とか「新幹線がもし○○だったら」という形態だけのものばかりだ。

しかし大阪の子供や大阪の子供上がりの大人はちょっと違う。ひとつのギャグを伝えるためにストーリー性をベースに敷くのである。

ギャグをどこに盛り込んで、うまく「会話を進めていく」かが肝心なのだ。会話の前後左右の脈絡や言葉自体の言いまわしの中に、先のネタをいかに面白く繰り出すかが、頭の使い所なのである。

だからこそ今日の「ごめんくさい」は挨拶の言葉だからいつでもどこでも何回でも使えるし、九一年流行語大賞を受賞した「～じゃあ～りませんか」も会話の中に何時《いっ》でもとけこますことができるのだ。

あまり言葉だけが勝手にパワーを持つことが少ないのである、大阪では。

ちょうど時代を象徴する思い出がある。初めて自分の小遣で買ったレコードのシングル盤のことである。今も心斎橋筋にあるミヤコ楽器店でドーナツ盤を三枚も一度に購入した。悩みに悩んだ末に選んだ三枚だ。六〇年代後半、レコードは一枚四百五十円だった。小学生の小遣には大変な価格だった。一枚は笑福亭仁鶴の「どんなんかなあ／おばちゃんのブルース」、ハナ肇とクレージーキャッツ「酒飲めば／アッと驚く為五郎」、奥村チヨ「恋泥棒」である。三枚のうちギャグソングを二枚も購入していたのだ。

今聞き直しても楽しい。クレージーキャッツの方はストーリーの展開でオチをつける。スマートだ。笑福亭仁鶴の方は題材自身に田舎っぽさが漂い、その中に細かく仁鶴特有の言いまわしギャグが入ってくる。子供はこのギャグの部分を真似るのである。

このほか、ギャグのネタ元はいつも吉本新喜劇に数多く求められた。

これらが私の持論とするところの「吉本新喜劇はドラッグで、子供の頃より血や肉にまで染み込んだギャグ魂は、よりコミュニケーションを潤滑にする」というものだ。

よって現在、小学生が教室に入るときには「ごめんください。どちらさんですか。三年一組のたけなかです。お入りください。ありがとう」というあいさつはあって当たり前だし、教室から出て行く友達に「いずこへ」と言うのも然りである。

その果てが体育の時間の「パチパチパンチ」であり、担任の先生の授業終了直前の「今日はこれぐらいにしといたろ」につながっていくのである。

アホなこと、アホなひとの象徴が〝吉本〟

林正之助は「世の中で体の中の毒を消すことができるのは〝薬〟と〝笑い〟です。体に効く〝薬〟と違って心に効く〝笑い〟は副作用の危険もないからエエことずくめです」とよく話していたが、また〝笑い〟は人々の日常の会話から商談、恋愛、ケンカなどをスムースに進める潤滑油でもあると言える。

　そしてこのエキスをより多く吸収している者が、クラスで一番面白い、学校で一番面白いと言われる。やがて、街で、県でというようにエスカレートし、当時「面白いことばかり言うヤツ」「アホできるヤツ」は本格派プロ軍団「吉本へ行け」と言われるようになってしまうのである。

「勉強できないヤツは吉本しか行くとこがない」

「不細工なヤツは吉本へ行け」

「おかあちゃんの言うこと聞けへんかったら吉本へ入れるで」

　というようなところに〝吉本〟がたびたび登場した六〇年代だが、まさに〝笑い〟が市民生活に定着し、〝笑い〟＝〝アホなこと〟、そしてその象徴が〝吉本〟であったが故、先の言葉が出たものと考えられる。

　そして九〇年代の今では、そんなふうに呼ばれていた〝吉本〟に入ることが難しくなり、新人養成所には毎年百人以上が入学し、師匠連中への弟子入りも絶え間なくあるようになってしまった。

　オーディションを開けば多くの男女がやって来る。そう六〇年代、素人参加番組といえば殆ど元気のよいのは男の子ばかりだったが、八〇年代にはその中心が女の子に移ってしまっていたことが忘れられない。

私の中では、七〇年代初めに笑福亭仁鶴が月~金曜日の午後六時の朝日放送テレビ「仁鶴と遊ぼう」にレギュラー出演するようになったことと、ダウンタウンが同様に八七年に「4時ですよ~だ」にレギュラー出演したことに歴史の一巡を感じたものだ。持てるエネルギーが、これでもかと電波に乗って放出していく様は何も変わらないが、先に述べたように周りを取り巻く者が、男中心から女中心へと変わっていったことには驚いてしまう。また同時に、各社会への女性進出の状況と同じことに気がついた。

そもそも吉本は女傑、吉本せいのパワーによって生み出された会社なのである。

吉本ギャグの世界と大阪

大阪にやって来た東京人は、よく「大阪は街ごと吉本新喜劇の舞台のようだね」と言う。ありがたいことである。良きにつけ悪しきにつけ、例え話に吉本のことが出てくるのは大歓迎である。

東京の地下鉄の中などで、大声でしゃべっている人の多くが大阪弁だったりするのに遭遇すると、そのこと自体がギャグのように見てしまうのも吉本のせいなのだろうか。

アメリカ人が日本人の真似をする時「ドーモ、ドーモ」と言うように（ちなみに広東語で「ドーモ」は「陰毛が濃い」という意味である）、東京人が大阪弁を真似る時「まんねん、だんねん、そうでんねん」と言うのを聞くと、いつもイントネーションだけは気をつけるように注意してあげている。しかし大阪では二十年来のギャグ「あ〜りませんか」が帝都・大東京を制圧したことは本当に喜ばしい限りである。

漫画家の蛭子能収氏をうめだ花月に招待した時、彼はロビーにいる売店のおばちゃんを見て「もうここから吉本新喜劇は始まっているのですね」と感心した。その通り、なわけがない。

そう、東京から見れば大阪人はみんなが吉本新喜劇の役者みたいなものなのだ。そして街が丸ごと吉本新喜劇の舞台のようなのであるのかもしれない。

典型的な吉本新喜劇の舞台装置のいくつかを挙げてみよう。

まず一番ポピュラーなうどん屋、めし屋。舞台の正面の奥が調理場になっており、小さい窓から店の大将が顔をのぞかせたりする。「勘定してや」「ハイ全部で八百万円」という子供に人気のギャグがよく似合う。また数人の客から注文を聞いて、バラバラの品を頼まれてるのに「キツネうどん五つ」と言って皆をこかすことも多い。

小さな会社の事務所。従業員のひとりの母親が田舎から出てくることになった。その従業員はちゃんと働いて社長になったと報告してしまっていた。人情家の社長はおかあさんが来る時だけ社長になっとけと言う。従業員は言葉に甘えて社長になるが、そこに本当の社長夫人が現われて事務所はてんやわんや。

通天閣の明かりの見えるキャバレーの裏にある屋台のラーメン屋。不細工なホステスとボーイと屋台のおっさんの物語。もう何も言うことはない。そんな場所が今、大阪にあるわけない。

あとよく見たところでは飯場の食堂の間。マドロスが出てくる波止場街。海水浴場の海の家。田舎の交番。さびれた旅館。村祭で露店の並んでる境内。ベンチがひとつしか置いてない公園などなど。

今日はこれぐらいにしといたろ（！）。どの舞台装置を思い浮かべても気がつくのは、そこが決して金持ちの場所ではないことである。役者ももちろんそうだが、誰も社長を本当に知らないのでワンパターンになるしかないのである。そしてまた吉本新喜劇の劇団員は決して将来、森繁久彌のようなタイプの芸人を目指しているのではなく、いつまでもどこまでも「アホやってなんぼの吉本新喜劇」であろうと思っているのだ。よって少しでもシリアスなことをしたりしたら「森繁久彌や杉村春子やないねんから」と突っ込まれる。

しかしこれにはちゃんとしたコンセプトもある。八田竹男にいつも言われたことだが「この仕事、大衆より半歩、先を行け。同じ所では遅過ぎる。一歩先では行き過ぎる。この加減が肝心だ」

もともと正之助が頭の中で設定した〝大衆〟とは低収入、低学歴のマスの人々だったのではないだろうか。国民中が中流から上流の意識を持つようになっただけに、その〝大衆〟をどこに置くかが今日現在も大切なことなのだ。

昭和四十一年（一九六六年）四月一日に定められた吉本興業の社是（本物である）を

紹介しよう。

一、大衆と共に生き、大衆に奉仕することを、我らの誇りとし我が社の使命とする。

一、日々創意工夫と熱意をもって仕事に取り組み、言動には堅く責任をとろう。

一、事業の興亡は人にある。我が社と苦楽を共にし、あらゆる試練を克服して感謝と反省を忘れず、働く事に歓びをもとう。

一、我が社の充実発展は、我らの不断の努力と日常の誠実による。

一、社則を守り、公私の別を明らかにし、常に和をもって協力一致の実を挙げよう。我らの希望は我が社の明日への進歩にある。

いくらエイプリルフールの日に制定されたとはいえ、私をはじめ多くの社員は実は社是に反している。

会議の途中、「すぐ戻ります」と言って、何も書いていないダミーの手帳を置いて、二度と帰って来ないやつ。事務所の真下から電話して、「いまＴＢＳです。二時間ほどして帰ります」と言って、上の窓からその姿を上司に目撃されたやつなど数え上げたらきりがない。

オマケに社訓も紹介しよう。

「我ら労使は協調して社業に精励、もって社会の文化向上に貢献し、且つ、株主の信任に応えねばならない。社則は信賞必罰の精神のもとに厳正なる秩序を確立し、業務の円滑なる運営をはかるため遵守すべきものである」

こういったことを読むと、いよいよ自己批判せねばならないのではと思ってしまう。企業としてはちゃんと立派な理念があるのに、私自身は、この会社でどう遊ばせてもらうかが一番肝心なのだ。もうひとつ言うなら、同じことを芸人にも読んで聞かせてやりたい。何かに気がつくだろうか。それもやっぱりないだろう。

「ヤングOH！OH！」で関西ローカルから全国区へ

毎日放送で全国ネットのテレビ番組「ヤング　OH！ OH！」が始まったのが一九六九年だった。

「ヤング　OH！ OH！」は同局のラジオ番組「歌えMBSヤングタウン」をテレビにしたような番組だった。スタジオに中学生、高校生、大学生を入れ、ゲストのトークやフォーク、ロックのグループの演奏を聴かせていた深夜放送「ヤングタウン」がテレビに乗り換えたものだった。

この番組は桂三枝と斎藤努アナウンサーの司会で始まり、オープニングはいきなり司会者が客席から登場し「今日はどこから?」「ハッピー、ハッピー」と声をかけながら出てくるという、今までにテレビで見たことのないものだった。番組作りのヒントは現社長の中邨秀雄がアメリカで仕込んできたものでもあった。

これで桂三枝は全国的な人気を得て、やがて「新婚さんいらっしゃい」「パンチDE　デート」などで、いわゆる〝お茶の間〟のお馴染みの顔になっていく。

吉本はこの「ヤング　OH！　OH！」に次々と所属タレントを送り込んだ。笑福亭仁鶴の早口はさえわたり、横山やすし・西川きよしは若い世代に知られ、当時ザ・パンダと名付けられた四人組、月亭八方、桂文珍、桂きん枝、故・林家小染をはじめ、中田カウス・ボタン、明石家さんま、島田紳助・松本竜介、ザ・ぼんち、西川のりお・上方よしおといった若手を育てていったのだった。例外としては〝しわパンダ〟といって、八方ときん枝の母親まで人気者になったこともあった。

「ヤング　OH！　OH！」といってまず思い出すのは日清のカップヌードルである。

ラジオの深夜放送の要領で、番組で採用されたハガキの人にプレゼントしたり、舞台に客席から上がった人に渡されたりしたものだった。これが当時、珍しい物でそこらのスーパーマーケットや市場では手に入らず、どこか宇宙食のような未来性も感じた代物だった。それまで、世の中にはカップ入りのラーメンが存在しなかったのだ。これを毎週毎週プレゼントに使うものだから、気になって仕方なかった。うまい宣伝方法だ。

この番組、放送開始当時はうめだ花月からの生中継だったが、途中から肥後橋のSABホールから中継されるようになった。中学生になっていた私は、友達の持っていた「ヤング　OH！　OH！」の招待券に飛びついた。「絶対に連れて行ってや」と三人招待されるうちのひとりとしてSABホール行きのキップを手に入れた。

小学校高学年の頃は、ラジオの深夜放送にコツコツとハガキを出しては、名前を読み上げられるのを喜んでいた私だが、SABホールの雰囲気にはたまげた。

「あれだけの出演者と観客に受けるハガキでないと採用されない」

テレビでお笑いを作っていく規模に驚いたのである。

そうこうするうちに十代の者が出会うパターンの受験戦争である。幼稚園のころから友達だったテレビが敵にまわった。テレビの誘惑に負けると高校受験の勉強ができないのである。いかにテレビを見ないで机に向かうかが問題であったのだ。

そして中学生から高校生になり、興味の対象がいよいよ細分化されていった。これは今の若い世代でも同じことだと思う。それまでテレビのことぐらいしか学校で話題にならなかったのに、話題のジャンルが突然増えてきたのである。

「音楽」「ファッション」「異性」「車」「旅行」「映画」「演劇」「アルバイト」などである。

こういうことは私だけのことではなく、私の友人はもとより、多くの同世代の者も同じ考えであったに違いないし、時代が変わってもこれは変わらないことだと思う。

また、これはまさに大衆の声としてとらえなくてはならない。それこそ、「お笑い」を製造しているメーカーがライバルを「他のお笑い」にしか求めていないとすれば、それは大きな過ちを犯しているという、私の考え方の通りだ。

一九七〇年代が過ぎて行くうちに、吉本はもとより、多くの芸人は十代、二十代の若者とセンスのズレを見せ始めていた。誰かが驕ったわけでもなく、手を抜いたわけでもない。ただ新しいものを求め、時代を作って行く若者たちの欲するものを提供できなくなってきていたのである。

もちろん万博景気も落ち着き、緩やかな線ではあるにしろ、人や街のパワーは下降しはじめていた。しかしこれは一九六〇年代の終わり頃から実はきざしていた。若者の感覚《センス》はロックであったが、マスコミもそしてお笑いを作る側も、それをつかめていなかったのだ。またそういう人材が吉本に育たなかったこともある。

そしてこれを破るのには約十年の月日が必要であった。これを破ったのが〝MANZAI〟である。島田紳助はロックバンドを作り、過激なロックグループ、アナーキーと京都花月で共演した。時も同じ頃ビートたけしもバンドを作った。ザ・ぼんちの大ヒット曲「恋のぼんちシート」は近田春夫の作品で、西川のりおの「MAIDO」はロック・シンガー増田俊郎の作品である。

そしてテレビを友達に育ち、お笑いが好きで、小遣いがたまったらレコードばかり買っていた私が一九八一年、吉本に入社したのだ。

THE MANZAI

テレビ業界において、紳助・竜介が東京に殴り込みをかけて道を拓き、その道にのりお・よしお、阪神・巨人、いくよ・くるよ、ザ・ぼんちらのコンビが続いた。八〇年代初頭から始まったこれが名代《なだい》の「マンザイブーム」である。もちろん一九七〇年、大阪万博時に大阪が生んだ日本の漫才界の大スター、横山やすし・西川きよしはこの時もトップランナーであった。

「マンザイブーム」前夜、島田紳助と松本竜介の二人は花月の舞台に立ち、あの老若男女入り交じった観客を前にいつも「いら立って」いた。

「オレのやりたい笑いは、あの客に分かってもらわんでもいい。笑ってもらいたい客はオレが選ぶ」

自らを〝ツッパリ漫才〟と称し、宇崎竜童をリーダーとするロックバンド、ダウンタウンブギウギバンドばりのツナギルックで花月の舞台に立った彼ら、これは自分たちの存在感を精一杯強調する〝目立ちたがり〟の表現方法であったのだ。

彼は自分の漫才のターゲットを客席のアベックや学生に絞った。ほかの客を無視して熱と力を入れて漫才をやった。彼らを少しでも笑わすために汗を流した。

私より三歳年上で、ちょうど私が学校を出て吉本に入る頃には、全国ネットの人気者になっていた島田紳助のことをもう少し話そう。

彼は京都生まれの一人っ子で、高校を卒業後、大学の進学も一応決まってはいたが、B&Bの漫才に憧れ、B&Bの師匠でもある島田洋介・今喜多代に入門した。その時に、長持ちいっぱいのおやつを持って師匠の家に移り住んだというのは有名な話だ。甘えん坊なのか、食いしん坊なのか分からない。

その後、花月で幕引きをしていた竜介とコンビを組むことになる。

彼らはコンビ結成当時、頭をリーゼントにしていた。バイクとロックが好きで女の子にもてたいからこの世界に入ってきた。夢を叶えたいから吉本興業に入ってきた。

私は最近「吉本興業はどんな人を探していますか」という質問に「夢を語れる人」と発言するようにしているが、この言葉は私が吉本興業入社以前に島田紳助から学んだタレント像というもののイメージだったような気がする。

うめだ花月の舞台に出演中、なんと文句を言った客を紳助が殴ったという噂が新聞紙上を賑わし、当時学生であった私は彼の骨っぽさを感じたのだ。

当時、ＭＢＳの「ヤング　ＯＨ！　ＯＨ！」の中で、さんまをリーダーとしてのりお・よしおやぼんちらと体を張って人を笑わせる「チンチラチン」という名のグループを組んで人気を博した。

大阪の人気者は、やっぱりお笑いさんなのだ。

ブーム到来はいつもこうしてやって来る。東京から送り出されるテレビ番組が突然に増えるのである。「ＴＨＥ　ＭＡＮＺＡＩ」「花王名人劇場」があり、スタジオ・アルタからの生放送「笑ってる場合ですよ」が始まり、硬派なクイズ番組「クイズグランプリ」は「クイズ漫才グランプリ」に変身してしまった。「お笑いスター誕生」という番組からはＢ＆Ｂやシティボーイズ、コロッケ、とんねるずなど、本当にスターを生み出した。

いよいよ「マンザイ・ブーム」の到来である。フジテレビの横沢彪プロデューサーは、五〇年前に「万才」から「漫才」に変わった〝芸〟を、一気に「マンザイ」に変え、そのまま「ＭＡＮＺＡＩ」にまで変身させてしまった。

そのくせその頃からもう十年以上も経つのに次の言葉が見つからないのは「漫才」という〝芸〟が停滞してしまっているからだろうか。

また東阪企画の沢田隆治プロデューサーも時を同じく、東西のお笑いを番組の中でドンドンぶつけていった。漫才だけにかかわらず現代落語、一人芸、古典名人芸から、外人パフォーマーと幅広く素材を求めプロデュースした。

当時のメンツと言えば、大阪からは紳竜、ぼんち、阪神・巨人、いくよ・くるよ、さんまなどが東京に向かって発射され、東京からはB&B、ツービート、星セント・ルイス、ゆ~とぴあ、そこに若手で山田邦子、コント赤信号、ヒップアップらが続いた。

東京発のメディアの中で居場所が大々的に拡大した吉本タレント

テレビで大いに漫才の出番が増えると、それに比例するのが、お笑いという商品の消耗の速さである。当たり前である。

ひと昔まで彼らの本芸である「漫才のネタ」は、通常、何年間も花月の中で生き続けられたのに、それがテレビ出演のせいで、ウソのように早いスピードで消費される時代に入ったのである。彼らがどういうふうに形を変えながら、この世界で生き残っているかは、皆さんの方がよく御存じであろう。

当時五〜六年選手だったザ・ぼんちの二人はスタイル的には紳助・竜介と対照的なところにいた。清潔感あふれるアイビールックに身を包み、加山雄三や橋幸夫のものまねをネタの中に入れながら人気を上昇させた。そしてついに八一年一月一日、フォーライフレコードより近田春夫作品「恋のぼんちシート」で歌手デビューも果たした。忘れてはならない。その年の七月には武道館で漫才師初のワンマンショウも開いている。

紳助はSHINSUKEバンドというロックバンドを組み、レコードを出したりライブも開いていた。西川のりおも「MAIDO」という大阪弁ラップレコードを出していた。そんな中で「恋のぼんちシート」だけは百数十万枚の売上げを記録し、大ヒットした。テレビの歌番組「ザ・ベストテン」「夜のヒットスタジオ」に何度も出演した。

大阪と東京を一日に何往復もするようになってからは、担当のマネージャーが窓から見える富士山の位置と新幹線の進行方向から「今、自分は東京か大阪のどっちに向かっているのか」を知ったというぐらいの忙しさだった。

ぼんち人気はといえば、小学生はもちろんのこと、大学生もサラリーマンもおさむちゃんのギャグを真似た。私が大学を卒業する頃、まだ少なかったカラオケパブでも「恋のぼんちシート」をレパートリーにする者も多かった。街やテレビからは、毎日のように「アレ〜ッ！」「どうしたんですか、ヤマモトさん」「そ〜なんですよ」といった流行語が聞こえてきた。

私が初めてぼんちに会ったのは、入社して三か月が経った頃だ。大阪や東京の仕事が多い中、私が当時勤務していた京都花月劇場にはなかなか出演しなかったのである。疲れ切った二人は京都花月の近くの馴染みの病院で点滴を受けてから劇場入りした。普段は点滴を打つ間さえなかったという。私の自己紹介もそこそこにして、楽屋からステージに上がったぼんちだが、その時の二人はさすがプロ、テレビで見たままのテンポとスピードで走ってくれた。

また紳助の方はと言うと、ラジオの深夜放送から盛り上がり、東大を受験するということになった。聴視者と同じ目線でものを見つめることのできる彼ならではの行動だ。しかし受験の日、他の受験生の迷惑のかからないようにと静かに試験場に入った紳助だが、そこに取材しに来ていた報道の記者とぶつかり、もめてしまい、あえなくその場で放棄するという顚末がついてきた。何でも本気でかかっていっていたのだ。

このブームの勢いに必要を迫られ、八〇年には赤坂に制作部の東京連絡事務所が設置された。当時のスタッフは現在制作部長の木村と大崎の二人だけだった。

林会長は戦後初の吉本興業東京進出の成功を胸に描いた。電話と椅子と机だけでスタートした事務所も、今では十数人のスタッフを抱え、制作部の売上げのかなりのパーセンテージを上げるビッグチームに成長した。それはまさに吉本のタレントが東京発のメディアの中での居場所が大々的に拡大したからである。

しかし緊張だらけの東京事務所においての私の思い出はと言うと、入社一年目の秋、デッカイ声とおしゃべり小僧ぶりで当時の所長、木村に一喝されたことである。

一九五九年、うめだ花月オープンと同時に生まれ、その二〜三年で人気急上昇した吉本新喜劇も、一九八〇年ごろブームになった漫才も、テレビというメディアの利用と、大阪発東京経由のヒット計画により、全国規模の売れ筋商品に成長したのである。

そしてその時その時の林会長はと言えば、花月の舞台を生で見て、家で彼らが出演しているテレビを見て、必ず翌日メッセージを送ってきた。

「明日から○○を舞台に立たすな」

「来月からは出番を増やしたり」

（よその事務所のコンビを見て）「ウチの舞台に出てもらい」

「あんな芸人やのにポスターの顔のサイズが大きい」

「冬にあんな色のポスターやめなさい。あれは夏のかき氷の色や」

「出番をもっと後ろにやったり」


会長は自分の目に確信を持ち、大衆の意識も気にしながら、最後まで社内で発言し続けた。そしてそれを直接会長から聞かされる度に、社員は体育教官室に呼び出された学生のようにビビリ上がってしまうのであった。

お笑い情報誌「マンスリーよしもと」創刊

一九八〇年に始まった吉本若手漫才の東京大進撃。それをマスコミは「マンザイ・ブーム」と呼んだ。

突破口は紳助・竜介の二人。彼らは突撃隊長の如く道を開き、吉本興業は続々と若手漫才を東京に送り込んだ。

五十数年前に「万才」は「漫才」になり、エンタツ・アチャコというスーパースターが生まれ、ひとつの時代を作ったが、今回のマス・メディアが作ったこのブームの中で「漫才」が「マンザイ」になり、続いて「ＭＡＮＺＡＩ」にまでなってしまった。別に国際的な芸能になったというわけではない。テレビ向きに発達して、女の子と子供の話題の中心になっていったからである。

もちろん花月の入場者数は増した。そしてそのブームの真っ只中にいる若者たちと、より一層の関係を持つためのパイプラインとして月刊誌「マンスリーよしもと」が創刊されることになった。

一九八一年四月一日創刊。

それまでのＡ４判一色両面刷り、今週と来週の出番を印刷してあった出番のチラシが突然、小冊子に変身したのだ。創刊号は本文二十ページ。ザ・ぼんちのインタビューに始まり、新婚間もない西川のりおの奥さん紹介。阪神・巨人の漫才も誌上再録、「紳助の言いたい放題」という連載もスタートした。

この時代、団体や一見《いちげん》さんの観客だけではなく、今まで花月には来なかった女子中高生たちの入場が増えた。実はこの子たちが動員力や人気作りのカギを握っていたのである。

そこでひと目、お笑いアイドルを純生《なま》で見ようと花月にやって来る女の子たちにターゲットを絞り、雑誌という媒体を手にしたわけである。

吉本興業が編集発行する雑誌を持つのは、昭和十年に創刊され、同十二年に廃刊された「大衆娯楽雑誌　ヨシモト」から数えてなんと四十数年ぶりのことであった。

人々はテレビに映る紳竜やツービートの機関銃のようなギャグの応酬に魅了されていた時代だ。ネタにされて老人までも笑っていた。本当にネタを理解して笑っていたのは若者だけだったのではないだろうか。中年以上の笑っている人たちは「若者が面白がっているものを同様に楽しみたい」という環境に魅せられ、それ自体を楽しみ、同じように笑っているだけだったのではなかろうか。

「マンスリーよしもと」は読者を漫才ブームと同様に若者たちに絞り、彼・彼女たち向けのお笑い情報誌であることに徹底した。それ以上の年齢層は若者が面白がってることに追いつこうとしてくれるのだから。

ページ数は、十周年を越えた今、四十八ページに落ち着いている。定価は創刊号より百円で（現在は税込みで）、内容は、若手タレントの動向や情報を中心に編集。あとは花月のプログラムや特別興行などのイベントのガイドやタレントの直筆による旅日記、対談、イベント報告などである。

実は私は「マンスリーよしもと」が創刊される前年末に入社の内定をもらっている新卒者だったので、雑誌が出ることを知ったのは入社直前である。

当時の社員の採用は制作部員で、マネージャーからスタートするものと思っていたから、三か月の研修の間、京都花月の事務員をしながら、他人事のように「マンスリーよしもと」を読んでいた。

この会社、皆が忙しすぎるのか、本当に自分が直接関わる仕事以外のことは他人事のようにとらえておかないと、すぐにパンクしてしまいそうになる。

ところが七月十一日の総務部発表。辞令が出たので本社に戻って来いという。慶大、京大、関大、同志社大卒の同期は皆、制作部付である。しかし私は一人、設立されたばかりの「宣伝広報室」に配属された。良いのか悪いのか分からなかった。確かだったことは、そのセクションで何の仕事をしていくかを、自分で考える所だということだけだった。

早速、広報について、宣伝について、「マンスリーよしもと」について、勢いにまかせてレポート用紙で十枚ほどの企画書を提出した。

ヘンな話、力が余っているのに何に使えば良いのか分からないという〝焦り〟から来たものだったかもしれない。

当時の上司に、

「早くいろんなことに手を出したい」

と頼みに行くと、

「急がんでもええ、放っといてもイッパイ手も口も出してもらうことになる。やれることからやっていってくれ」

ということだった。

最初の仕事は、まず吉本番の新聞記者と仲良くなることだった。といっても今ほど連日、どこかの新聞社の誰かが吉本興業を訪ねてくれるというほど記者は本社に来はしなかった。来る時といえば事件が起きたか、起こした時ぐらいだった。一昔前まで「吉本興業」が新聞に載るといえば、まず「事件」が頭に浮かんだぐらいだが、最近では良きにつけ悪しきにつけ、話題の発信元としての位置が確固たるものになってきた。

「桜前線とお笑いとヤクザは西から」という言葉がある限り「宣伝広報室」はニュース提供者でいつづけるという重要なポイントにあったのだ。

今日では日刊紙に吉本関係の記事が載らない日は一日とてないが、ヘンな言い方をすれば、私たち広報パーソンは、紙面作りの一端を担っていると自負してもよいぐらいだと思っている。

記者との付き合いをゼロから始めるわけだから、彼らの仕事内容をよく知らなくてはならない。よって朝日、毎日、読売、産経のセット紙やサンスポ、スポニチ、報知、日刊、デイリーのスポーツ紙を毎朝スクラップすることにした。

これには結構時間がかかり、午前中は毎日手の指を真っ黒にし、鼻の先も真っ黒にしながら新聞紙と向かい合った。

そしてそのことによって、まさに新聞ができるまでの新聞社の見学ではないが、取材から記事のできるまでの流れがよく理解できるようになった。その流れを汲めるようになってきて初めて、次にニュースの送り手の論理が理解でき、現在のように、それらを仕掛けていく側にも回れるようになってきた。

そして七月一一日付で本社に戻って来た私は、製作中の八月号から編集に手を出し始めた。創刊四号目である。やっと仕事に口と手が出せるようになってきた。

私が編集長を名乗るようになってきたのはいつの日だったかは忘れたが、とある新聞紙上での新聞週間のパネラーとして参加することになってしまった頃からである。その日の私の周りはと言えば、大学の先生や評論家の先生ばかりで、ディスカッションのテーマは「新聞に期待することは」というものだった。ここに私がいたことは相当場違いだったような気は、今でもしているが、その頃から編集長を名乗っていた。

この編集と並行して単行本作りも覚えた。最初は『まかせなさい——西川のりお主義』という本の、彼のマネージャー役ではなかったが、本作りのサポーターとして役に付いた。裏表紙でのりおが銭湯の湯船の中でマグナム銃を構えており、後方で知らん顔して湯につかっている一人が私だったりする。喜んで風呂に入っているのではない、写真の中でのりおの後ろに客が写ってほしかっただけだ。

歴史は繰り返し、ダウンタウンの写真集を作った時も撮影上、一人が湯船につからなければならなかったのだが、勿論その時もこの本のプロデューサーである私がパンツも脱いで撮影に協力している。

私の作ってきたタレント本がビックリするぐらい売れたということは殆どないが、すべての本はタレントをグレードアップさせ、飛び道具という名の情報発信源の素材を持つ意味で充分に役割を果たしてきている。

以下、私の関わった単行本（赤字は一つもなし、念のため）を書き出してみよう。『横山やすし』『アホの坂田（利夫）のアホだらけ』『只今ご紹介にあずかりました岡八郎でございます』『間寛平のちゅうちゅうタコかいな』『西川のりおの大阪タイガース』『西川のりおの事件簿』『吉本興業商品カタログ』『吉本新喜劇名場面集』『心斎橋筋2丁目BOOK』『吉本新喜劇BOOK』などなどがある。エステティックに関するものや、関西経済界の人たちにインタビューしたものを集めたものまで作った。

このようにして本や雑誌好きの私が仕事で本作りをやれるようになったごとく、八〇年代後半からはもうひとつ好きな「音楽」を、河内音頭取りの菊水丸というアーティストを素材にしてレコード作りも出来るようになるという道が拓かれていくのである。人生とは良く分からんものである。

吉本総合芸能学院　第一期ダウンタウン

京都花月から本社のデスクに戻って以来、仕事といえば新聞・雑誌のスクラップやタレント取材の受付窓口。それと「マンスリーよしもと」の編集である。この月刊誌の製作には時間がかかり、まさにかけ出しの雑誌編集者の丁稚という体であった。もちろん毎日デスクに座っているのも嫌だし、吉本入社が同期の連中は三枝、やすし・きよし他のマネージャーとして東京・大阪を飛び回っている。

私が初めて東京に行くことになったのは、なんと一九八一年七月二十一日のぼんち武道館ツアーのバスの添乗員としてだった。ザ・ぼんちが日本旅行の夏の海水浴のCMなどのキャラクターをしていたこともあり、そこがバス六台分の女の子を集め、彼女らを引き連れて東京へ行かせてもらえることになった。

この年の一月一日に「恋のぼんちシート」という曲を大ヒットさせ、そしてお笑い界では初の武道館公演である。このバスツアーの料金は、往復のバス代に加えアリーナ席のチケット、ぼんちTシャツ、昼食のハンバーガー、日本旅行のシールなどがついて九千七百円というものだった。

朝七時になんば大阪球場前を出発。このバスツアーは「吉本芸人とバスで行く旅」というもので、バスガイドの日当よりも安い自前のタレントを同行させようということで、私は彼らのマネージャー役でもあった。

同行したタレントは大助・花子、犬千代・竹千代、みのる・ゆたか、Wパンチ、桂枝織（現小枝）等々だった。乗客の中には高校卒業後吉本に入社したピンクダックのレイコや、未確認だが、ぼんちの熱烈なファンだった南野陽子もいたとか。

このバスが東名高速の事故渋滞に巻き込まれながら、武道館の前についたのは午後五時頃だった。ここは名代の武道館、ビートルズも立った舞台である。この日のゲストには橋幸夫も訪れ、今では懐かしい「あれっ！」のギャグを共演。吉本興業からは今いくよ・くるよ、本番でチンチンを見せた西川のりお・上方よしお等が舞台に上がった。

一九八〇年秋にオープンさせたばかりの東京事務所のスタッフは、初めての、それも武道館での興行に殺気立っていた。後々私と仕事の上でコンビをよく組むようになる先輩の大崎洋と初めて顔を合わせたのもここ武道館の楽屋だった。

「善ちゃん（私より一級上の先輩）を探して来い」

「顔、知りませんねん」

「アホンダラ、人に聞いて探して来い！」　こうやって怒鳴られたのが大崎との初対面だった。

　こんな私が、その夏の終わり頃から取りかかった仕事が、一九八二年春にオープンさせる新人養成所の新人募集である。当時、大阪のお笑いの養成所といえば、松竹芸能、曽我廼家明蝶学院、蝶々新芸スクールなどがあり、吉本興業の開校が遅過ぎたという感もあったが、漫才ブームで勢いのつく吉本興業だ、人集めの心配はなかった。心配だったのは自分自身のことだった。吉本興業に入社して半年ぐらいしかたっていない私が芸人を作り育てるところにいるなんてことは思いもよらぬことだった。

　明けて八二年二月、まだ新入社員づらしたままの私は、ＮＳＣ第一期生の面接受付におり、なんと面接官までやっていた。またもや馴れないネクタイを締めてである。当時の上司でＮＳＣの総責任者だった冨井も、

「写真やプロフィールだけでは分からんなあ。興味を持てるのはいてるけど、やっぱり難しいなあ」と頭をかいている。

　私なんぞは一年半ほど前に吉本興業の重役に面接を受けていた側である。もっと何

も分からない。

「吉本興業は、何事にも責任を持たせて仕事をさせてくれる良い会社だ」と上手く自分自身を納得させたものだ。

実のところはそうでもなかったようだ。単に、面接官の人手が不足していただけなのだ。

そして一九八二年四月の入学式。ついこの前までボウル吉本のゲームセンターだった場所がNSCのスタジオになった。事務所以外に三つのスタジオ、トイレ、シャワー、ボウリング場からもらってきたロッカーが付いている。壁一面に鏡を張り、ダンス用のバーも買った。講師にはジャズダンス、声楽、日舞、歌唱、その他吉本文芸部員や在阪のテレビ局プロデューサーなどが名を連ねた。

私の本業である取材用のマスコミ集めも成功した。沢山の新聞やテレビがこの日の入学式の模様を取材しに来てくれた。

この日の印象に残る生徒といえば、北村雅英。元プロボクサーで、私より一つ年下。目が輝いていた。そして「中学の時からのツレですねん」と面接日に私の前に座ったのは、伸びたパンチパーマ頭でうぶ毛のようなヒゲを伸ばした松本人志と、五分刈り頭の浜田雅功だった。もう一人は遅刻してきて、急いだあまりか、パンストをデンセンさせた女の子だった。

当時の入学金は三万円、月謝一万五千円。六か月分を前納ということだが、養成所といってもお笑い芸人になりたいというような輩ばかり。なかなか素直に月謝を入れない。私はといえば、新人養成の職務につきながらも「月謝を払うてや」と言う役になっていた。

そうこうしているうちに私はスタッフの中では一番彼らに年齢が近いということもあり、漫才のネタを一緒に作ったり、芝居の演出の真似事したり、果ては踊りの振り付け役までやらしてもらい、二、三か月に一度は開催するＮＳＣ寄席に備えた。これもまた自分自身の修業だと思った。と言ってもここは職業訓練所ではないので、一年経って卒業しても芸人になる資格も免許証ももらえない。

元々お笑い芸人を作るための方程式も教則本もない世界である。若い分、やる気のあるヤツはパワーで走れとしか言いようがない。汗をかいて頑張れと言うしかない。

それは漫才ブームに乗った紳助・竜介もザ・ぼんちも、のりお・よしおも阪神・巨人もみな、スピードに乗って漫才をドンドン展開していき、いつも新しい話題とギャグやアドリブを折りまぜ、走りつづけていたからそう言ったのである。中にはネタを盗んだ盗まないで、取っ組み合いのケンカをしている漫才コンビもあったほど楽屋は熱かった。

フジテレビの「笑ってる場合ですよ」「オレたちひょうきん族」「クイズ漫才グランプリ」とみなそうだった。まさにテレビ界における吉本ノリのパワー殺法だったのだ。それを肌で感じながら売れていったのが、ＮＳＣの一期生からはダウンタウン、トミーズ、ハイヒールなどである。養成所ができて十年。一番数多くの現役タレントを出しているのもこの一期生である。

吉本新喜劇で育ち、漫才ブームの頃に吉本興業に入社した私の、お笑いの血肉を作っているエキスをこめた表現物がＮＳＣ一期生だったのだ。

「若いのでオモロイのおるか」「ボチボチです」

余談だがこのＮＳＣスタジオの奥には具合よく四段の階段があり、その高くなった所がステージになっていた。ここはなんと昭和三十年代に一世を風靡した吉本ボウルのレーンのあるフロアと、その一番上のボールなどを置いている所の格差だったのだ。

よくできた話だが、もう一つ話をつけ加えれば、NSCの稽古場がまだボウリング場だった頃、小学生だった私は外からこのボウル吉本の中をよく覗いていたし、このNSCができる前でゲームセンターになっていた頃は、たまにスペースインベーダーをやりにきていたのだ。そして今またその土地に立った吉本会館で働いているのは奇遇である。

そうこうするうちNSCも一年が経った。NSCの稽古場から飛び出して外のホールで卒業公演をしようということで、ダウンタウン、ハイヒール、銀次・政二の三組六人で一つのグループを作った。その名も「ごんたくれ」。大阪弁で言うところの〝ヤンチャ坊主〟みたいなものだ。

新作漫才を二本ずつ、そして皆が出演するナンセンス芝居を一本作ろうということで梅田阪急ファイブのオレンジルームで手打ち興行することになった。もちろんプロデューサーは私である。

当時から私はあまり上の者から物事を習うというクセがなく、彼らにこう言ったことがある。

「売れるには自分から何かを仕掛けていかねばならない。誰も何もしてくれない。そのためにまず生のステージを作って中身を充実させなくてはならない。一人でも多くの客、シンパを増やしていくことが大切だ。そのために新人は、一つ・見せたいネタ、二つ・見せたい人、三つ・見てもらえる場所の三つを自分たちで作り出さねばならない」

売れてくれれば二と三は会社がすぐに用意してくれる。花月があるではないか。あとはネタ作りに全身全霊を込めればよいと考えた。よって我々ごんたくれ七人は会場探しから、キップ売り、芝居の道具作り、音づくり、台本づくりと行動を共にするようになった。それは八三年のことである。

そうこうしているうちに彼らは売れ始め、私が名付けた師匠なし・弟子経験なしの「ノーブランド漫才師」たちが、しきたりの厳しい花月の楽屋に普段の居場所を移していくことになった。

先輩にはあいさつする。人をまたがない。他人のものでも乱れた履物は揃える……。などなどＮＳＣでは教える必要のなかったことを現場で覚えながら、即戦力軍団の団員たちは戦線に立っていったのである。

そしてNSCの二、三年目がやってくれば私はいつもと同じように面接官をやり、月謝の取り立てをやり、小便くさいシャッターの開閉を繰り返すようになった。

NSCができてから、日曜日になると決まって林会長がNSCにやってきた。

なんば花月を視察してまわった後、NSCの事務所にやって来るのだ。前もって電話で会長の動きは一報が入るのだが、店屋物の注文をした後にその一報が入り、何度かうどんを食べられずに、冷ましてしまったこともある。タイミングが悪くてデートに遅れたこともある。

私は体育会系出身ではないにしろ、事務所に会長が来て座っていると、スタッフは直立不動のままジッとしつづけたものだ。決して私なんぞの下っ端に声をかけることもなく、

「若いのでオモロイのおるか」

「ボチボチです」

「ほんだら帰るわ、ご苦労さん」

と去っていった。私は怒られる理由はないにしろ、いつもビビッていた。それはその周りにいる人がみんな持っているビビリのバイブレーションのためだろう。その場

にいた上司も先輩も、何かをしでかしたわけでもないのに、みな怒られはしないかとビビッていたのである。今考えても分からない。何が怖かったのだろう。知っているといえば会長が昔怖い人だったと、聞いたことがあったぐらいだが。

心斎橋筋2丁目劇場の夕日

一九八四年。私が「マンスリーよしもと」誌上で組んだのが、第四の花月の誕生の記事である。それは心斎橋の旧本社ビルの三、四階にある南海ホール（旧日立ホール、現・心斎橋筋2丁目劇場）の特集である。ここを若手のお笑いのライブハウスに変えようとしていた時のことである。

当時このビルは、隣にある南海電車系にテナントとして貸し出しており、その名も「南海ホール」で、時々在阪のテレビ局が中継録画に使ったり、踊りや小唄の会などが開かれるのが中心の小屋だった。ここを我々が借りに行くと、まぁ高いこと。聞くところによれば「吉本さんの家賃が高いんですわ」と自分で自分の首を絞めていたわけだ。

そこのところを「いつもより数多く借りますから、安くして下さいよ」と関西商人風に掛け合い、少しは安いレンタル料金が出たので、土・日曜日を中心に長期間借り受けることになった。

当時上司だった山下は「タコは自分の足を食べながらでも生きていこうとする、という例えとはちょっと違うかな」といったセリフを今も思い出す。

プロデューサーはなんば・うめだ・京都の三花月のチーフプロデューサーと私の四人。ここで行なう若手イベント名を称して「心斎橋筋2丁目劇場（通称・心劇）in南海ホール」とした。オープンは八四年七月でデモンストレーションには百人近くの名もなき若手芸人を戎橋の橋の上に集めて記念写真撮影会を行なった。

「新劇は難しいけれど、心劇は分かり易くて面白い」とPRしたが、当の本人が新劇のことをよく知らなかったのでこの宣伝文句は、あまり説得力のないものだった。

八六年四月、南海ホールの貸借関係が契約切れとなり、そのスペースが吉本興業の手元に戻ってくることになった。会社は「笑ってる場合ですよ」「笑っていいとも」のスタジオ・アルタをモデルにし、会長などから、

「そこから生中継もして、このビルにも人が集まって来て、別の商売も考えられるよ

うにせぇ」といった命令が出た。

「手を上げたもの勝ち」「ヤリたいヤツがヤリたいことせぇ」といった傾向にある我が社において、心劇と呼ばれた間、最後までちまちまとイベントをし続けた当時京都花月のチーフプロデューサーの大崎と私が企画書を提出することになった。ふたりとも大層な企画書など入社以来書いたことがなく、知人に上司を説得しやすい企画書の書き方を内緒で習ったほどだ。企画が通った後、同期の中井も制作スタッフとして合流してくれた。

この劇場のコンセプトは「女子中高生のキャバレー遊び」というもので、十代半ばの女の子にターゲットを絞った。学校をサボってでも行ってみたくなる所。そこには自分だけのお目当てのタレントがおり、ここにしかない秘密の飲み物があり、キャラクターグッズも販売してる。

またこのスペースにはライブの楽しさがイッパイつめ込まれており、漫才だけにとらわれず、あらゆる形のお笑いや音楽、ビデオ、映画など、何でも表現物が揃っている。そのうえステージに出たい人も大歓迎という場所にするというものだった。

この劇場の合言葉は「アンチ吉本、アンチ花月」、これを謳い文句に我々は反対派を名乗ることを決めた。

オープンは八六年五月十日。オープニング3DAYSでは、心劇時代の大ヒット「なにわミュージカル　心斎橋2丁目物語」「憂歌団ライブ」「さんま劇団第一回公演」などを用意した。

それらの情宣（情報宣伝）を準備していた頃、西川きよしの参院選出馬のニュースがマスコミを走った。広報マンの私にもよくあることだが、このニュースも朝の新聞を見て知った次第である。別に恥ずかしいことではない。社員である我々が新聞記者から聞いたり、新聞を見て会社のことを知ることは多いのである。

「芸人は商品である。大切な商品である。」

西川きよしの記者会見のため、その日も数十人の記者が南海ホールに駆けつけた。私はさも昔からあったように舞台の後ろに「心斎橋筋2丁目劇場　近々オープン　乞御期待」と看板を貼り出しておいてやった。「ひょっとして西川きよしが写っている新聞やテレビの中にその看板が写ったら、得やなあ」というセコイ宣伝方法だった。

また2丁目劇場オープンの前日、マスコミ関係者を百人近く集めてのプレイベントを開いた。中身は内輪受けに徹するものにした。

女性漫才コンビのハイヒールは新聞社の吉本番の記者の名前を、非常階段はテレビ局のプロデューサーの名前をそれぞれバンバン盛り込んだ、言いたい放題のネタを作った。


実はこのプレイベントのやり方、大崎と私が考えたコンセプトのひとつだった。

「ライブは生だから面白いのだ」

「当面はテレビなどの放送媒体は一切劇場に入れない」

これらの意味を象徴していたのがこのプレイベントなのである。

放送禁止という意味ではなく、そこにいる人だけが楽しいという意味でのライブ中心主義の小屋なのだ。

劇場名はいろいろと案が出たが、南海ホール時代に名づけたイベント名が気に入っていたし、関西では通用しないが、東京なら「2丁目」と聞けば新宿のオカマがいるいかがわしさも手伝って、女の子たちに「2丁目に行こう」と言ってもらえるように願い、この名にさせてもらった。

しかし新装開店の小屋に人が入らない。

内容はこの春先までやっていた若手中心の「お笑いライブ」ではあるのだが、思うようにはならない。ここはまだ「急に客はやってこない」時期である。辛抱してもっともっと声を大きくして心斎橋筋で客の呼び込みをやった。もう養成所入学から数えると四年目に入ったダウンタウンもハイヒールも心斎橋筋に立つ。

入場料金は六百円と安価のお笑いライブの小屋である。花月が午後七時や八時までには終演してしまうのに対し、ここは午後六時半開演という、学校の帰りや会社の帰りに入りやすい時間にしたのにダメだった。


時は流れて夏休みになった。「急に客がやってくる」時期に入ってきたのだ。朝早くから表に並んで、お目当てのタレントに十センチでも近づきたいから、最前列の良い席を確保したいから、競ってやってくるようになった。

先にも述べたが、ここはお笑いの実験劇場なのである。スタッフが観客に教えられることも多くあったが、その逆も多々あったのである。

月一回のレギュラーの演目に「心斎橋2丁目物語」というミュージカルがあった。戎橋にいつも集まってくる若者たちを物語にしたものだ。橋の南側から来る〝まったけ館〟の悪ガキは意地悪だ。そんな時、みんなを助けてくれるのは道頓堀の看板、グリコのおっさんだ。彼が颯爽と舞台に登場しては〝まったけ館〟のムスコとギャグの応酬で闘う。

最初、観客の彼女たちはこの芝居を観て、キャーキャーと歓声ばかりあげてちゃんと中身を見ようとしなかった。タレントをアイドル視していてくれたのは嬉しいのだがここは一番、作る側も見る側も一緒に学習し、前説（開演までに幕前で注意事項などを説明する）では芝居の楽しみ方を教え、ちゃんと中身を見るように手引きまでした。

彼女たちは、生《なま》の人間が唄を歌い、素敵に踊ったりする姿を見ること自体が初体験なのだ。数か月間、生のバンドが共演してくれることもあった。この時などは生のエレキギターやドラム、ベースの音を自分の耳で聞くことすら初めてだったのかもしれないが、ビックリするような音の前で彼女たちは自然に席から立ち上がり、体を揺らした。自然にダンスを踊ってしまっていたのだ。

そうやって彼女たちは、ストーリーを楽しみ、歌や踊りに感動し、自ら体を動かす喜びもこの2丁目劇場で覚えてくれたのである。

しかしまだまだ許してはならないのがテレビ・メディアであった。サッと来ていいところをパッと持っていって「ハイそれまでよ」だけは御免だ。まだまだ辛抱しなくてはいけない。

いよいよ百十三席のイスに座り切れない観客が来て、ロビーの長椅子も場内に持ち込んだ。今度は床のパイプに取り付けた座席の部分をレンチではずしては、堅い床に座ってもらうようにした。それでもまだ入り切らないので通路も開放した。消防署が聞いたら怒るだろうが、ここに四百名近くの女の子を入れたのである。

「まだまだ入れられる」

この言葉は「ライブはここに来て楽しんでほしい」というのと、

「まだテレビでは見せないよ」というふたつの意味がこめられていた。

私や中井とチーフプロデューサーの大崎はひとつの方向性を見いだしていた。

「劇場にエネルギーを溜めることが先決問題だ。十人しか入らない小屋に百人入り、二百人入り、四百人が入り、もうそれ以上ひとりも入り切らなくなった時こそ、そのエネルギーをテレビやラジオのメディアに乗せればよいのだ」

この仮説は見事に的中した。

大崎と制作部の代表・木村がテレビとラジオのレギュラーを決めてきた。

八七年四月より、MBS毎日放送テレビが「4時ですよ〜だ」を月〜金曜日、毎日四時より2丁目から生中継することになった。もちろん総合司会はダウンタウンのふたりだ。

放送の初日、浜田が客席に声を掛けた。

「みんな、ノッてるかあ！」

「イェイ！」

2丁目劇場オープンから一年弱で小屋もタレントもスタッフも、そして熱心に応援してくれる女の子たちも本当に脂が乗ってきていたのである。

この番組はテレビ局の不毛の枠と呼ばれる、午後四時台で大ヒットを飛ばした。大体がドラマやアニメの再放送枠だったところに、再放送よりはお金のかかる生番組に毎日放送は英断を下し、吉本は動いたのである。

もちろん再放送するのにかかるぐらいの経費で吉本興業はこの番組を作ったというウワサもあるが、いよいよ2丁目劇場は人気者になり、ダウンタウンというスターも出したのである。

「芸人は商品である。大切な商品である。」

会長の声がどこからか聞こえてきたのだろうか、2丁目を作りつつあったスタッフは徐々にこうやって商品の価値を上げていったのである。

そしてまたこの劇場の舞台では社長の交代劇もあった。一九七七年四月より社長に就任していた八田竹男が体調のこともあり引退を表明した。入社試験で私を面接をしたのがこの八田社長だった。

一九八六年、十数年ぶりに林正之助が社長と会長を兼務することになり、八七年十一月オープンの吉本会館誕生に向けて再び陣頭指揮をとるようになったのである。

そして堂々完成した総合ビルの中には大劇場のほか、テレビスタジオ、飲食、ディスコなどが入り、よしもとツアーズやチケットぴあのサービスカウンター、グッズ販売コーナーも備えたものだった。

最後に正之助の言葉を引用する。

「近来は富に国際交流がさかんになり、大阪の国際都市としての役割の重要性が叫ばれております。この会館の完成によって大阪の劇場文化、興行文化にわずかなりとも貢献するところがありますれば、これに優るよろこびはありません」「マンスリーよしもと臨時増刊号『笑島』（一九八七年一一月一日発行）より」

THE 舶来寄席

NGKシアター（吉本会館2F）

吉本会館（なんばグランド花月・NGKシアター）は最高の設備を誇る日本一の劇場と大阪名物と皆様にお誉めの言葉をたくさん頂戴しており誠に光栄だと思っております。

つきましては、NGKシアターでは海外からのエンターテイメントを一堂に集め、3月18日から6月15日まで「THE 舶来寄席」を上演、欧州直輸入の洒落た香りをお届けしております。特に、イギリスのおばさんタップダンスチーム5人組のローリー・ポーリー。「笑いは世界共通のもの。皆さんを笑わせることが使命」と陽気で愉快なステージを披露しています。5人あわせて体重が、なんと653.6キロ！私も彼女らに負けず毎日元気で頑張っております。

ぜひ、皆様一度御覧下さいませ。心から皆様のお越しをお待ちしております。

〒542 大阪市南区難波千日前11番6号
吉本興業株式会社 林 正 之 助

（上）キャバレー、グランド京都で開かれたホステス競輪大会。（右下）京都花月事務所。黒板には「Welcome！　DELTA RHYTHM BOYS」「EriChiemi」とある。（左下）両端のふたりは「舶来寄席」で来日したヨーロッパで人気の太っちょおばさんタップダンスチーム「ローリー・ポーリー」のメンバー。

(上)林止之助社葬。1991年5月13日、吉本会館。(左下)アントニオ猪木主催「平和の祭典 in イラク」出演でバグダッドのサダム・フセイン空港に到着した河内家菊水丸。左は著者本人。

おわりに

感謝である。幸せである。

そしてまたこの先も自分を励まし、自分を褒めて、学習もする。

大学を出て、吉本興業に入社してからは、雑誌の編集長をやったり、芸人の養成所を作ったり、ハワイで興行を打ったり、ＦＭ局を作ったり、映画を作ったり、チケットの営業担当になったり、東北六県の担当になり仙台市や会津若松市にも引っ越しもした。

そして二〇一五年の夏、三十五年ほど勤めた吉本興業を少し定年を残して退職させていただいた。

その後、ニューヨークのハーレムに住み、ブラックカルチャーに触れた。

そこでは前向きでポジティブな人々に触れ、毎日を大切に生きていくことを教わった。四百年近く前に先祖が無理やりアメリカ大陸に連れて来られたと言う。輸送される船の中で何人もの人が死んだ。アメリカで奴隷となり何人もの人が死んだ。そんな中で、彼らの今を生きていることへの感謝の言葉を何度も聞いた。そして「後ろを向いても何もはじまらない、明日を楽しくするのは自分自身や！」といったところのようだ。

二十五年前の本の再出版に際しても多くの方の手を煩わせた。皆さん本当にありがとう。

当時の「あとがき」から少し抜粋してみよう。

「本書はいわゆる吉本興業社史でもなければ、林正之助会長の業績を称える伝記でもない。会長と私、会長の生きた時代と私の生きている時代の私的な対話である」

二〇一七年九月

竹中 功

本書は一九九二年二月に刊行された「わらわしたい　竹中版・正調よしもと林正之助伝」（河出書房新社刊）を改題改訂したものです。

わらわしたい
正調よしもと 林正之助伝

著　者　竹中功
発行者　真船美保子
発行所　KK ロングセラーズ
東京都新宿区高田馬場 2-1-2　〒 169-0075
電話（03）3204-5161(代)　振替 00120-7-145737
http://www.kklong.co.jp
印　刷　中央精版印刷(株)
製　本　(株)難波製本

落丁・乱丁はお取り替えいたします。
※定価と発行日はカバーに表示してあります。
ISBN978-4-8454-2407-8　C0095
Printed In Japan 2017